こんなところでつまずかない！

弁護士
21のルール

東京弁護士会 親和全期会
編著

新訂版

第一法規

新訂版　はしがき

本書は､「新人弁護士の素朴な疑問にこたえたい」ということで発行されました。初版発行から約６年が経過したため、部分的に古くなっていると思われる記述を見直し、新訂版を発行させていただくことにしました。

初版のはしがきにある全国の法律事務所の弁護士の員数に関する情報を『弁護士白書2020年版』(日本弁護士連合会編著)73～75頁に従って更新すると、全国の法律事務所17,417事務所のうち、弁護士１人事務所は60.43％(10,525事務所)、同２人事務所は17.94％(3,124事務所)、同３～５人事務所は15.15％(2,639事務所) となっています。都市部を中心に事務所の共同化が進んでいるとされていますが、弁護士５人以下の事務所は93.52％(16,288事務所) と初版発行の頃とほぼ同水準で、新人弁護士にとって事務所内でお手本（半面教師？）にできる先輩弁護士が少ない状況に変わりはありません。

本書新訂にあたり、執筆者間で、弁護士のあるべき姿をあらためて議論することになりましたが、非常に有意義な機会となりました。気づきを１つ述べさせていただけるのであれば、およそ人間は他人とのかかわりなくして生物的・社会的・経済的あらゆる意味においても生存できないのであり、特に弁護士はこのことを意識しておかなければならないということです。そして、弁護士として生きている以上、依頼者のみならず、裁判官、検察官、同僚弁護士、先輩後輩の弁護士、相手方の弁護士、事務職員その他周囲によい影響を与えていかなければなりません。よい影響を与えることができたと感じるとき、又はそのように評価してもらえたとき、報酬の多寡に関係なく喜びを感じられるのだと思います。

最後になりますが、第一法規株式会社の編集第一部の小林千紘氏、宗正人氏には、新訂作業にあたり、スケジュール管理から編集方針への助言まできめ細やかなアドバイスをいただきました。この場をお借りして厚く御礼を申し上げます。

令和３年11月

東京弁護士会 親和全期会
令和３年度代表幹事
弁護士　　吉岡　剛

初版　はしがき

法律事務所の多くは、小規模事業所です。

『弁護士白書2014年版』（日本弁護士連合会編著）によれば、全国の法律事務所（14,791事務所）のうち、弁護士１名のみの法律事務所が59.31％（8,772事務所）、弁護士２名の法律事務所が18.21％（2,693事務所）、弁護士３名～５名の法律事務所が16.06％（2,376事務所）であり、弁護士５名以下の法律事務所が93.58％（13,841事務所）を占めています。

近年、事務所の共同化が進んでいるといわれますが、新人弁護士が事務所内でお手本にすることができる弁護士は、いわゆるボス弁のみであったり、幸いにして兄弁・姉弁がいるとしてもわずか１、２名にとどまることがほとんどです。

新人弁護士が弁護士としてのキャリアをスタートさせるにあたり、ボス弁や兄弁・姉弁という若干名の弁護士の背中を見ているだけで大丈夫なのだろうか。一般にどんなことに気を付けたらよいのか。先輩弁護士たちはどんなことに気を付けているのか。新人弁護士のそんな素朴な疑問にこたえることができないかと考えたのが、本書を執筆することとなったきっかけです。

親和全期会は、東京弁護士会内の会派の１つである法曹親和会の会員のうち司法修習終了後15年までの若手・中堅弁護士によって構成される団体（会員数約1,000名）です。親和全期会では、日本弁護士連合会・東京弁護士会の会務・政策について議論するほか、弁護士業務に関する研修や親睦企画などを多数開催しています。

そして、親和全期会の活動は、それぞれが所属する法律事務所等の垣根を越えて、多くの弁護士が知り合い、情報を交換し、議論をし、悩みを相談する「場」を提供することに寄与しています。そこでは、弁護士業務のノウハウはもちろんのこと、ボス弁や事務局との接し方、人脈のつくり方、将来への備えのための工夫など、弁護士ライフのために有益なさまざまなノウハウに関する情報が交換されています。

そんな親和全期会の活動を通じて蓄積された弁護士ライフのノウハウの一端を、新人弁護士・若手弁護士のためにまとめたのが本書です。

本書では、若手・中堅弁護士のノウハウを体験談という体裁で示しながら、本来、必ずしも正答がない弁護士ライフのノウハウを「ルール」という切り口でまとめてみました。そのため、執筆箇所によっては、思い切りがよすぎる論調の箇所や、多少の脚色・誇張が含まれる箇所、読者のみなさんの意見や見解と大きく異なる箇所などが少なからず見受けられるかもしれません。その点は、本書があくまでも１つのノウハウを示すものということでご容赦いただければ幸いです。

近年、法曹人口の急激な増加を受けて、若手弁護士の苦境を伝える報道等が少なくありません。しかし、親和全期会の活動を担う若手・中堅弁護士は、さまざまな創意工夫によって活動領域を切り拓き、魅力と活力のある弁護士ライフを送っています。そんな先輩弁護士の工夫の一端を本書によって披露することで、読者のみなさんが「弁護士ライフはじめの一歩」でつまずくことなく、充実した弁護士ライフを送っていただくことができれば、望外の幸せです。

最後に、本書上梓にあたっては、第一法規株式会社編集第一部の渡辺徹氏、市田真奈未氏、草壁岳志氏に大変にお世話になりました。ここに厚く御礼を申し上げます。

平成27年12月

東京弁護士会 親和全期会
平成27年度代表幹事
弁護士　　奥　国範

こんなところでつまずかない！
弁護士21のルール 新訂版

目次 Contents

本書中の体験談は、執筆者自身の経験や他の弁護士へのインタビュー等を元に内容を再構成したものです。各体験談冒頭のプロフィールは、必ずしも各執筆者のプロフィールと一致するものではありません。
また、「ボス弁の視線」「ボスの奥の手」は、特定の経営弁護士によるコメントを記載したものではありません。

Rule

01 身だしなみ　Part1

▸ 弁護士のファッションとは？　SUITS？

――弁護士に普遍的な身だしなみなどない。依頼者、ボス弁、兄姉弁、事務員らを最大公約数的に「不快にさせない」努力をすべきである。

「弁護士っぽい」

「弁護士っぽい」身だしなみって何でしょう？

ヘアースタイルは七三でピシッと、せいぜい真ん中分け、メガネをかけていて、グレーかネイビーのスーツに白シャツにネクタイは真夏でも着用、黒い革靴。

世間一般にとって弁護士のイメージとは、このように、秀才で真面目そうな人としてある程度型にはまったものではないでしょうか。

他方で、ここ最近はテレビドラマ等の影響もあってか、非常に高級なスーツをおしゃれに着こなしているのがやり手弁護士、というイメージもあるかもしれません。

では、弁護士のファッション、身だしなみは、どのようにあるべきなのでしょうか？

弁護士の身だしなみは、一般的な会社員に比し、相当程度自由なスタイルが許されているといえるでしょう。一方で、自由が許されている分、自分の身だしなみが、相対する相手にどのような印象を与えるかについては、自分で見極めなければならないことになります。自分がこのスタイルが好きだからといって、そのスタイルを突き通すと、相手によっては、知らないうちに悪印象を抱かせているかもしれません。

依頼者が求めているものは？

特に個人の相談者・依頼者には、見た目が強そうで、相手に物怖じせず自分の気持ちをガンガン伝えてくれる弁護士を求める方が多いようです。そのような方は、いかにも真面目そうな弁護士には物足りなさを感じるかもしれません。

また、債務整理の相談者などに対しては、高価な時計、スーツ、靴を着用してアドバイスをしても、「どうせ自分の気持ちはわかってくれない」と感じさせて、話をきちんと聞いてくれないかもしれません。

他方で、企業の担当者などは、社長や上司に報告する際のことを考えて、型にはまった「無難な」弁護士を求める方が多いでしょう。あまりにカジュアルな服装では、ビジネスマナーもわかっていない弁護士であると軽んじられてしまいます。社長と直接会うときには、ある程度の見栄えも必要です。

そして、証人尋問・本人尋問などの期日に同行する際には、どのような依頼者もオーソドックスなスタイルを求めることが多いでしょう。「弁護士がピシッとしていないから負けた」などと思われたら大変です。

同業者らへの配慮

「打合せや期日がなければＴシャツに短パン」というわけにもいきません。ボス弁への敬意、兄弁・姉弁への配慮は必要ですし、事務所の風紀を乱してはなりません。

内々な弁護士会の会合であっても、他事務所の弁護士に怪訝に思われるのも損です。大先輩の弁護士の中にはクールビズにすら抵抗感を持つ方も少なくありません。

TPOをわきまえる

結局のところ、さまざまなニーズに全て対応した、普遍的な身だしなみなどあり得ません。要は、相手やその日の予定に応じ、TPOをわきまえた身だしなみを整えればよいのです。「身だしなみ」はマナーです。単なる「おしゃれ」とも違います。かといって「よい印象を与える」かどうかは相手次第であり、コントロール不可能なので、「不快にさせない」ことを心がけるのです。

それでは、参考までに、先輩弁護士の体験談、考え方をご紹介します。

体験談 1

迷ったらオーソドックス

弁護士６年目　男性／小規模事務所勤務

クライアントの立場から見た弁護士

私は、弁護士になる前に一般の民間企業の法務部でサラリーマンをしていました。その会社では、案件に応じて複数の法律事務所と顧問契約を締結していましたので、打合せや相談などでさまざまな弁護士と会う機会がありました。弁護士といえば、高そうな高級ブランドのスーツをピシッと着こなしているといったイメージもありましたが、私が実際に会った弁護士の大多数は、自分と同じような普通のスーツを着た普通のおじさんたちで、外見はその辺のサラリーマンと全く変わらない身なりをしていました。

ちゃらそうな弁護士

そんな中で、１人だけ強く印象に残っている弁護士がいます。税務訴訟に強いという法律事務所の男性弁護士でしたが、彼は、紫の縦縞のスーツにピンクのシャツ、花柄のネクタイ、髪は茶髪のロン毛で、耳にはピアス、指にはシルバーのゴツイ指輪という出で立ちでした。正直、ちゃらそうだなと思いましたが、自分のようなサラリーマンと違って自由業なんだし、これはこれでありなのかなとも思いました。実際に話してみると、彼は、見かけに反して腰が低く、話し方も非常に丁寧でスマートでしたし、的確に問題点を整理して対応方法を順序立てて論理的に説明してくれるなど、よい意味でこちらの予想は完全に裏切られました。同行した会社の役員たちも、彼は優秀な弁護士だという評価で、彼の一見ド派手な身だしなみについて批判する役員は１人もいませんでした。逆に「個性的でおしゃれな先生だな」と彼の身だしなみを評価する役員もいたくらいです。もし彼の対応が、ぞんざいな話しぶりであったり、適切なアドバイスをしてくれなかったりしたら、彼に対する評価も「ちゃらいだけで使えない弁護士だな」などと真逆なものになったことでしょう。

重要なのは仕事に対するクライアントの評価

ここからいえるのは、クライアント（特に会社）の立場からすれば、弁護士の服装や身だしなみはあまり重要でなく、話し方、案件に対する対応の仕方、弁護士としてのスキルや実力などの方が格段に重要だということです。第一印象でどう思われるかということはあるのかもしれませんが、極論を言えば、弁護士はクライアントから評価される仕事をしている限り、どんな服装でもよいのではないかと思います。

実際、私の同期の弁護士で、某検事ドラマの主人公を意識してか、冬はダウンジャケットにジーンズ、夏はTシャツに短パンという極端にラフなスタイルを貫いている男がいますが、彼は、そのような服装でクライアントを失うということもなく、弁護士として相応に稼いでいるようです。

私がクライアントに会うとき

それでは自分はどうなのかといえば、私が弁護士になってからは、クライアントに会うときは、必ずスーツ、ワイシャツにネクタイを着用しています。夏でも同じです。クライアントは、お客様であり、お客様よりくだけた服装は、仕事に影響がないとはいえ、マナーという意味で失礼にあたると考えるからです。私のクライアントは顧問会社が中心で、自分よりも目上の会社役員と打合せをすることも多く、お会いする方のほぼ100%が夏でもスーツにネクタイ着用ですし、ベンチャーや、IT系の若手経営者も、打合せのときは大多数がジャケットないしスーツにネクタイ着用で事務所にいらっしゃいます。そのような事情があり、私の場合、いわば保守的に、クライアントの服装にこちらも合わせるという姿勢で臨んでいます（某法律事務所では真夏でもスリーピースのスーツにネクタイ着用厳守というルールがあるそうです）。これが個人のクライアント中心の事務所であれば、もしかしたら話がまた変わってくるのかもしれません。

仕事着に強い個性はいらない

また、仕事着に強い個性はいらないという考えから、スーツの色はネイビー系かグレー系、ワイシャツは白か青の無地が中心で、ネクタイの柄はレジメンタル、無地、小紋柄を着用しています。好みの問題かもしれませんが、キャラクター物やブランドのロゴが露骨に入ったネクタイなどは、避けた方が無難かと思います。余談ですが、ペイズリー柄のネクタイを試しに着用してみたこともあるのですが、ボスから「堅気に見えないからやめろ」と指摘されたので、そのネクタイは二度としていません。自分好みのファッションでも、他人から見た場合にどう見えるのかという視点を持つことも重要かと思います。なお、執務中や通勤の際は私もノーネクタイがほとんどで、事務所のロッカーに数本ネクタイを吊るしておき、クライアントが来所した際やクライアント先等に出向くときに都度ネクタイを着用するようにしています。

清潔感とは？

最後に、言うまでもないことですが、自由業の弁護士とはいえ、社会人として最低限の身だしなみは必要だと思います。例えば、シャツが汚れていたり、しわだらけだったり、スーツがよれよれだったり（意外とパンツはしわがつきやすいので注意が必要です）、シャツの裾がパンツからはみ出ていたり、寝ぐせのような、ぼさぼさの髪だったり、靴が汚れていたり、男性の爪が無駄に伸びていたり等々（これらは私が実際に会ったことのある男性弁護士の一例です）は、クライアントに不快感を与えるので、注意した方がよいかと思います。よく言われる「清潔感が重要」というのは、わかったようでわからないアドバイスですが、このようなことを言わんとしているのではないでしょうか。

裁判所に行く場合

私は、クライアントとの打合せと同様、裁判所に行く場合も、必ずスーツ、ワイシャツにネクタイを着用するようにしています。これは、事務所のボスが裁判所ではスーツにネクタイ着用が当然という方針でしたので、そんなものかと深く考えずに自分もボスの真似をしてきたという単純な理由からです。

服装や身だしなみ如何で裁判官の心証が変わることはないので、一般論としては基本的にどんな服装でもよいのではないかと思いますが、実際のところは普段はスーツを着ないという弁護士でも、裁判所にはスーツか少なくともジャケット着用で行くことが圧倒的に多いかと思います。前述のＴシャツ・短パン弁護士ですら、さすがに裁判所にはジャケットを羽織って行くようです。また、普段はネクタイを着用しない弁護士でも、尋問のときはネクタイを着用するくらいの気遣いはしていると聞きます。

ただ、弁論準備手続など法廷以外では、裁判官も最近はラフな服装が多く、夏であれば半袖シャツにノーネクタイといった服装の裁判官の方がむしろ多いような気がします。夏の裁判所は冷房が効いておらず暑いので、法廷以外では裁判官に合わせて軽装ということでも問題ないかと思います。

体験談２

服装つれづれ

弁護士５年目　女性／中規模事務所勤務

女性弁護士の服装さまざま

男性弁護士がスーツにネクタイを着用しているのに比べ、女性弁護士は実にさまざまな服装をしています。

(1) スーツ

黒、紺、濃いグレーといったスーツは、登録したての若い弁護士でもそれなりにしっかりして見えますし、濃い色のジャケットは、普通のシャツとスカートに合わせても、ビジネス用のファッションとして成立します。事務所に１着ジャケットを置いておけば、急な来客の際に重宝します。

女性の場合にはグレー、白など薄い色のスーツでも悪目立ちせずに着ることができるので、明るさや柔らかさを出したいときにはおすすめです。

アイロンがけのいらないジャージー素材のものや、自宅で洗濯できるものを選ぶのも賢い選択です。

なお、深夜までスーツで起案をすると疲れもたまりやすく、座りじわなどもできることから、私服で出勤し、打合せや裁判のときに事務所でスーツに着替えるという弁護士も多いと思います。

ところで、女性用のスーツにはバッチを付けるフラワーホールがないものが大半です。このため大半の女性弁護士はバッチをピン式に改造していると思いますが、服に穴が開いてしまうので、女性用スーツやジャケットにもフラワーホールが標準装備になったらいいのにと願うばかりです（皆さん、服飾業界のクライアントがいたら是非伝えてください）。

（2）ワンピース

自分らしいおしゃれができるうえに、きちんとした印象を与える服装として、ワンピースも非常に便利です。上下のコーディネートを考える必要がないうえに、アクセサリー等を合わせることでドレスアップできるので、会議の後に会食が予定されている場合など、簡単にTPOに合わせた服装ができます。ワンピースにジャケットを合わせればおおよそのシーンに対応可能です。

（3）その他服装

スーツほどコンサバ感のないセットアップや、ブラウス・カーディガンやスカート・パンツもシンプルなものをいくつか揃えておくといろいろな組み合わせができて経済的です。

（4）靴

服に合わせる靴も大切な要素です。最近はKuToo運動も活発ですが、日本のビジネスシーンにおいて、女性はヒール靴を履くものだと考えている層がまだまだ一定以上を占めています。マナー講座などでも３～５cmヒールが推奨されることが多いため、知識としては知っておきましょう。クライアントとの打合せ用にヒール靴を置いておき、通勤はローヒールやフラットシューズを履く人も多いようです。弁護士の仕事は重い記録を持って、駅から距離のある裁判所や警察署まで歩くことも多いため、歩きやすい靴は必須です。

（5）小物

弁護士によって考え方は異なると思いますが、私は仕事のときには一見してわかるようなブランド物は持たないようにしています。あまりにぼろぼろだったり、安物ばかりの身なりだとクライアントも心配になると思いますが、いかにもなブランド品をこれ見よがしに持っていると、クライアントはよい印象を持たないと感じています。
私は、クライアントの目に触れる可能性のある小物類（筆箱、名刺入れ、手帳、USBメモリ等）は、見た目からブランド物とはわかりにくいロゴやデザインの入っていないもので揃えています。上品かつ質のよい持ち物は、落ち着いたイメージを抱かせ、クライアントにも好印象です。

依頼者との打合せ

私は個人から法人まで幅広いタイプの依頼者とお会いするので、事件の性質によって、少しずつ服装を変えています。
企業の方や、相続事件等で年配の方にお会いするときは、上下スーツ、夏でもジャケットを着ることを心がけています。
一方、離婚事件等で依頼者と打合せをする際には、あまり敷居が高い印象を持たれないように、ブラウスやカーディガンでお会いすることが多いです。
刑事事件で接見に行く際には、女性の依頼者であれば、アクリル板の向こうにいて身綺麗にできない依頼者が悲しい気持ちにならないよう、こちらもあまり固くない恰好で行きます。一方、男性の依頼者であれば、パンツスーツで接見します。

裁判所に行く場合

私は地裁・高裁に行く場合にはスーツ、家裁事件で調停に行く場合にはブラウスやカーディガンを着ることが多いです。裁判期日では裁判官や相手方と会うことを意識してスーツにしています。一方、調停は依頼者との打合せに近い気持ちで選んでいます。依頼者自身があまりスーツを着ない方（専業主婦など）であれば親近感を持ってもらいやすい恰好で、依頼者がバリバリ仕事をしているタイプの方であればスーツを着ることもあります。

ある弁護士の話では、同じ事務所の弁護士２人（男性・女性）と依頼者（夫）が離婚事件の調停期日に３人で裁判所にいたところ、相手方（妻）に目撃されて、「あれは新しい彼女ではないか？」と疑われたことがあったそうです。そのときはスーツを着用していたらしいのですが、それでもそのような疑いを持たれることもあるようです。いろいろな方がいますので、家事事件で依頼者が異性の場合には、少し注意して服装選びをする必要もあるかもしれません。

体験談３

インハウスは空気を読んで

弁護士６年目　女性／企業法務部勤務

インハウスローヤーの場合、服装に関して、ひと言でいえば「郷に入っては郷に従え」です。というのも、会社によってかなり異なるからです。

例えば、金融機関では、社内規定でドレスコードが明確にルール化されており、男性はスーツ、女性はオフィスカジュアルといった固めの服装をしている人がほとんどです。

IT系のスタートアップ企業であれば、Ｔシャツにジーパンといったラフな服装で仕事をしている従業員が多いです。また、原則リモートワークとなっていることも多いので、これといった服装のルールはなく、自分の好きな服を着ている人が多い、という印象です。

いずれにしても会社のメンバーとして働いているわけですから、その中になじむことを意識すべきです。

ボス弁の視線

相手の立場に立った身だしなみ

やはり身だしなみは大切です。いかにもという高級なスーツだと庶民の気持ちがわからないと思われる可能性がある反面、企業のお偉いさんだと信用されるかもしれません。よれよれのスーツだとその逆でしょう。まあ、依頼者が自分の友人であればどんな格好でもよいのですが、依頼者によって、その日の予定に応じて服装を選んでもらえれば、言うことはありません。「オーソドックス」、「無難」、素晴らしい。ほっとします。

ですが、私の事務所のイソ弁にも、あまりファッションには興味がなさそうな人もいます。そんな中、「明日はこういう服装で来い」などと指示しようものなら、すっかり忘れてしまった憲法の条文や懐かしい有名な判例を引き合いに出され猛反発を受けそうです。

理想はともかくとして、社会人として、最低限度はもちろんのこと、できればもう少しだけ気にかけて、身だしなみを整えてもらえればよいと思います。服装は、何も高級でおしゃれである必要まではありません。TPOを少しだけでも意識して、清潔感があり、サイズが合っていて、しわが入っていないなど、よい状態であれば十分です。その他は、爪はちゃんと切るとか、髪の毛はぼさぼさにしないとか、タバコを吸ったら口くらいゆすぐとか、酒で赤ら顔のまま応対しないようにするとか。

あなたがボスになったとき、どういう身だしなみのイソ弁がほしいですか？ 抜群の起案能力と交渉能力があれば何でもよいですか？ つくり上げた事務所の雰囲気やあなた個人の嗜好から、ある程度の身だしなみを求めますか？ 弁護士として、相手の立場に立って、広い視野で、身だしなみも考えてみてください。

Rule

02　身だしなみ　Part2

▶ アイテム七変化

――身だしなみというのは、服装のことだけではない。身に着けているアイテム類も人から見られていることを忘れずに。

弁護士は言うまでもなく人と会うことが多い職業です。そのため、服装以外でも、靴やアクセサリー、時計など、人の目に触れるものについては、服装と同様にTPOを考えて選ばなければなりません。

また、司法業界は、令和の時代においても、まだまだ紙文化が色濃く残っているため、大量の書類を持って裁判所や交渉などに行かなければならない場面が少なくありません。そのため、大容量の鞄や歩きやすい靴など機能面でも優れたアイテムを上手に利用することが大切です。

体験談1

靴は磨いておけ

弁護士5年目　男性／中規模事務所勤務

鞄について

裁判所を含め、外出の機会が多い弁護士としては、鞄は必須のアイテムです。最近は、両手が自由になり動きやすい、資料やPCを詰め込んで、ある程度の重さになってもそこまで苦にならない、といった理由から、リュックタイプの鞄を利用する弁護士も増えている気がします。

かつて私は、見た目を気にして、「リュックなどあり得ない」、「いつかは高価なダレスバッグがほしい」などと思いながら、ナイロン製の一般的な手提げタイプの鞄を使用していました。もっとも、数年間の経験を踏まえ、弁護士は移動も多く、持ち運ぶ資料なども重くなるため、鞄はどうしても傷みやすく、消耗品としての割り切りが必要と感じることが多くなりました。結果、現在は、リュック・肩掛け・手提げで使用できる３Wayタイプで、ナイロン製で防水加工が施された、値段は数万円程度の鞄を愛用しており、移動先や荷物の分量に応じてタイプを使い分けています。例えば、裁判所や顧問先など、見た目についてそれなりに気を遣う場所へ行く際には手提げの状態、あまり見た目を気にしなくてもいい警察署への接見や事務所への出退勤の際にはリュックの状態、といった感じです。

個人的には、鞄が立派でなければ顧客が獲得できない、こういう鞄でなければ取引先に対して失礼だ、裁判所の心証が悪くなる、ということはほとんどないと思いますので、よほどボロボロの状態なものや派手すぎるものではない限り、自分にとって使いやすいものを使えばよいと思っています。

靴について

鞄と同様、移動が多い弁護士としては、靴に気を遣われる弁護士も多いかと思います。鞄以上に消耗品の要素が強いため、私はあまり高価な靴は持っていません。ただ、黒系と茶系の靴を、雨の日用のものも含め、それぞれ複数所有しており、同じ靴は週に一度くらいしか使用しないようにできる足数の靴を所有しています。それにより、劣化速度を抑えることができているとともに、気に入っている靴については踵などを修理して使い続けていますが、その頻度も多くなく、結果的に長く使用し続けられているので、頻繁に靴を買うこともないです。

靴についても、傷だらけのボロボロで踵も減りまくっている、といった状態は、機能的にも避けた方がよいとは思いますが、一般的な革靴であれば、自分で気に入っているものを使用すればいいと思っています。

靴の手入れについては、さまざまなアイテムがあり、気にしだすとキリがなくなりますし、まめな性格の方でないと靴を綺麗に磨く作業は苦痛でしかないと思います。私は、シューケアセットを持ってはいるものの、ブラシやクリームを用いて頻繁に綺麗に磨く作業まではできていません。ただ、見た目が汚くなりすぎる前に、簡単にポリッシュクロスで磨くようにする程度に気を付けてはいます。

私は、仕事上でスニーカーを履くことはありませんが（スニーカーのような履き心地とされる革靴は使用しています）、事務所に革靴を置いてスニーカーで出勤する方や、裁判所や取引先にもスニーカーで行かれる方も中にはいるかと思います。個人的には、相手方の代理人や弟弁がスニーカーを履いていても何とも思いませんが、気にする方はいると聞きますので、裁判所や取引先に行く際、先輩弁護士に会う際などは、スニーカーは控えるといった配慮も必要かもしれません。

時計について

時計は、自分の好みを演出できるアイテムの１つだと思います。「こういう時計を使っていないと仕事ができないと思われてしまう」ということもないと思いますので、ダイヤが散りばめられているなどといったド派手なものでない限り、自分の好みの時計を使用してよいと思います。ただ、無料法律相談会に行く際など、あまり高価すぎる時計をして行くのにふさわしくない場所に行く必要がある際は、一定の配慮をするべきとも思います。

私は、自己満足でおしゃれを楽しむ程度で、全てが高価なものでもありませんが、その日のスーツの色に合わせて、時計を何種類か使い分けています。一時はスマートウォッチを使用していましたが、メールなどの連絡に気をとられずに仕事したいときなどにも通知が来ることや、充電をしなければならないといったわずらわしさから、使用をやめてしまいましたが、便利ではありますし、仕事上のシーンを選ばないと思いますので、弁護士でもスマートウォッチを使用されている方は多いと思います。

時計に気を遣うメリットとしては、着けている時計によって、相談者や依頼者などから、「その時計いいですね！」、「どこのブランドですか？」といった形で話が弾むことがある、自分のモチベーションアップにつながる、という程度しかないと思います。最終的にはワイシャツの袖で隠すこともできますので、個人的には、あまり人目を気にしすぎず、機能面も含め、気に入った時計を使用すれば問題ないと思います。

必要以上に気にする必要はなし！

弁護士業界は固い職種の業界だと一般的に思われているかもしれません。実際は、服装も含め、所属する事務所や会社内の制限はあるかもしれませんが、あえて悪目立ちすることも含め、持ち歩くものや身に着けるものについては、自己責任で自由にできる業界だと思います。好きな恰好ができることに魅力を感じて弁護士になった方もいると聞いたこともあるくらいですので、最低限のTPOをわきまえつつ、好きなものを身に着ければよいのではと思います。

体験談２

意外と悩む女性のアイテム

弁護士４年目　女性／中規模事務所勤務

鞄について

特に女性弁護士の場合、仕事に適した鞄を見つけるのは結構大変です。重い記録を持って移動することが多いこの仕事、事件記録がたっぷり入って使いやすく、かつ軽くて見た目もよい、という女性向けの鞄にはなかなか出会えません。たまに出会えても事件記録が重いのですぐに消耗してしまいます。なかなか気に入った鞄に出会えることは少ないと思うので、もし、あなたが今使っている鞄を気に入っているのであれば、今のうちから同じ物をもう１つ購入しておくことを検討してもよいかもしれません。

裁判期日に行く機会の多い弁護士であれば、キャリーケースも日常的に使用していると思います。私は、Ａ４の事件記録を２列入れることができる通常より少し横幅のあるキャリーケースを現在使用しています。キャリーケース自体に収まっても、重すぎると結局階段の上り下り等運ぶのが大変なので、大きければよいというものでもないように思いますが、Ａ４の事件記録が２列入るのは非常に便利です。事件記録の重量のおかげでキャスターが壊れたり、取っ手が折れたりは日常茶飯事なので、あまり高級なものを購入するより、買替え覚悟で手頃な値段のものを購入するのがよいように思います。

アクセサリーについて

アクセサリーは、身に着けていると華やかさと小綺麗さを出せますし、華美でないオーソドックスな形のネックレスやピアスは、どんな服装でも合うのでおすすめです。

毎回服装に合うアクセサリーを選ぶのが面倒であれば、小ぶりで飽きのこないデザインで、かつ、ちょっとよいものを購入し、つけっぱなしにするのも方法の１つだと思います。

メイクについて

メイクについて、どの程度すればよいのかというのは悩ましい問題です。

メイクをした方がきちんとした雰囲気を出せますが、かといってメイクが濃すぎるのも弁護士という職業柄浮いて見えてしまいます。

また、昨今マスクをする機会が多く、顔の半分以上がマスクで隠れているため、どの程度のメイクが適切か、というのは一概には言えなくなってきました。

その中で、メイクのポイントとして１つ挙げるとすれば、「眉毛」です。眉毛はマスクをしていても見えている部分ですし、顔の印象を大きく左右します。男女問わず、眉毛の整え方に自信がない方は、ぜひアイブロウサロンに行ってみてください。１回あたり、3,000～5,000円程度で、自分の顔に合った眉毛の形に整えてくれますし、眉毛の描き方も教えてくれます。一度整えてもらえば、そこからはみ出した眉毛を自分で整えるだけで形をキープできます。

ボス弁の視線

仕事が評価されていればOK

弁護士の身だしなみについての感想は、その人の仕事ぶりによって違ってきます。仕事をきちんとやってくれている人が、派手な格好をしていても気になりませんが、仕事が十分にできていないのに、派手な格好や目立つ格好をしていると、そんなところに時間をかけている暇があったらもうちょっと仕事しろ、と思うこともあります。

体験談を読んで、忙しい中でそれぞれに工夫をしているのだな、と再認識しました。機能面と華やかさのバランスをとって、うまくキャラクターを演出しているのだと感心させられました。

男性でも女性でも目立つ服装の弁護士はいますが、それでもクライアントが離れないのは、仕事の中身があり、それでいてその個性をアピールできているからです。

ボス弁に「仕事は本当にちゃんとできているのか？」と疑われない服装を考えてもらえればよいのかなと思います。

Rule

03 振る舞い方

▸ エレベーターのボタンは押すな!?

——嘘か真か定かではないが、「弁護士たるもの、エレベーターのボタンを押すべからず。依頼者が押すべし」と考える弁護士が少なからず存在していた時期があるようだ。果たして、弁護士は、エレベーターのボタンを押すべきではないのだろうか。

裁判は、依頼者の人生を左右してしまうこともあり、弁護士はそれを全面的に託されているのですから、正しく裁判が行われている安心感・満足感を与えるために、威厳や権威も必要な場合があります。

それが高じて、弁護士たるもの、エレベーターのボタンを押すべからず、ということになったのでしょう。

しかし、仮に、私たちが病院に入院したとき、病院の主治医がエレベーターのボタンを押してくれたとしましょう。そのとき、われわれは、エレベーターのボタンを押した、その主治医の威厳・権威が低下したと受け止めるでしょうか。

答えはNOでしょう。

主治医は患者からその生命を託されており、患者へ安心感を与えることが求められ、それは弁護士以上と思われます。エレベーターのボタンを押してくれた主治医のことを、むしろ親切で感じがよいと感じるのではないでしょうか。

もちろん、依頼者に媚びへつらったり、卑下したりしてはいけません。

しかし、エレベーターのボタンを押すであるとか、エレベーターのドアが閉じるまで頭を下げるといった行為が、果たして媚びへつらったり卑下したりする行為にあたるといえるのでしょうか。威厳や権威は、自ら意識して身に付けるのではなく、自ずとその人からにじみ出るものです。意図して威厳や権威を演出するのは、鼻につくものです。特に若手のうちは、依頼者が自分よりも年上であることが多く、特にそういった場合には人生の先輩に対する謙虚さも美徳となります。今は昔のように、弁護士だからといって、持ち上げられることもなくなっています。誰に対しても謙虚さを忘れないことが大切だと思います。

「エレベーターのボタンを押すべきではない」であるとか、そうした「カタチ」にこだわって自らを演出するのではなく、依頼者の信頼を勝ち得るための、より実質に着目した振る舞い方について、先輩弁護士たちの心がけをご紹介します。

体験談 1

背伸びせず、ボスと私の役割分担

弁護士5年目　女性／小規模事務所勤務

役割分担として意識していること

弁護士として執務を行う中で、書面提出期限を守れなかったり、会合への出席時刻にルーズになったりすることもあることは認めざるを得ません。しかし弁護士は、プロフェッショナルとして、何事も時間厳守が必要となります。ボス弁も自分に仕事を任せている依頼者の１人だと認識を持って、裁判所への書面提出期限だけではなく、事務所内での提出期限（ボス弁のチェック等も意識して）もしっかり守ることが必要です。

また、裁判所や相手方がボス弁と私に対する態度が違うことがあります。例えば、大手企業の法務部のベテラン社員からの相談の場合は、われわれ若手弁護士よりも豊富な実務経験を持っていることがあるため、法律相談においても相手を立てつつ助言する姿勢が必要です。

私のボス弁は、依頼者が嘘をついたり、あるいは大事なことを隠していると思われるような場合には、依頼者を叱りつけるような態度で接することがしばしばありますが、ボス弁の依頼者に対して私が同じようなことはできませんし、するべきではないと思います。

依頼者や相談者に対し、若手弁護士がそのような態度に出ることは、容易なことでありませんし、仮にそのような態度を出す場合には、慎重な判断が必要でしょう。それは、依頼者や相談者と若手弁護士である私との関係が、ボス弁との関係とは違うからです。ボス弁と依頼者の関係性、これまでボス弁がどのように依頼者に接していたか、強い言葉を使ってまで依頼者に対して伝えなければいけないことはどのようなことであったか等について、その場に同席した際によく見ておく必要があります。

また、依頼者は、依頼した弁護士が相手方代理人とどのように接しているのかも注視しています。そのため私は、仮に相手方代理人の弁護士が知り合いであっても、依頼者の前では、節度を保ちつつも毅然とした対応をするようにしています。たまたま相手方代理人が知り合いであったからといって、親しげに接していると依頼者に不信感を持たれる可能性があるためです。

一方で、双方の依頼者がいない弁護士同士のみの交渉などの場面では、相手方代理人に対し、節度を保ちつつも愛想よく接するようにしています。相手方代理人と面識がない場合にはなおさらです。相手方代理人と良好な関係を構築することによって、円滑な和解の実現につながることもあります。

依頼者との会食の席上では、昔は、依頼者にお酌をしていただくなど、相応に威厳のある態度をとろうとしていた弁護士も多かったのでしょう。

しかし、最近は、弁護士の威厳などといわずに、依頼者と酌み交わすなど、依頼者と同じ目線での対応を心がけている弁護士の方が多いという印象です。

それでも、依頼者にとっては、ボス弁には恐縮して話しづらい愚痴や本音、些細なエピソードなどもあるでしょう。そうしたボス弁には話しづらいことも、私のような若手弁護士には語ってくれることがあります。こういった話が実は事件の本質を知るうえで重要な場合も少なくありません。後でボス弁に報告すると「よくそんな深い事情を聞き出せたね」と感心されました。

依頼者であっても、ボス弁に見せる顔と若手弁護士に見せる顔が少し違うということを承知したうえで、例えば、懇親会後の二次会をボス弁抜きで行うなどのアイディアも悪くありません。もちろん、ボス弁に了承しておいてもらわないと、後でボス弁との間で無用なトラブルを招きかねませんが。

若手弁護士は、依頼者との間で、ボス弁世代とは違った距離感を構築することができます。こういったことをボス弁にもよく理解していただき、ボス弁はボス弁の振る舞い方で、若手弁護士は若手弁護士の振る舞い方で、依頼者との良好な関係を構築し、事務所全体が１つのチームとなって依頼者をフォローするという体制ができるとよいと思います。

体験談 2

信頼関係を築くための心がけ

弁護士５年目　女性／インハウスローヤー

情報の集まるハブになれ！

弁護士は、その専門性の高さや、職務内容に対して向けられる尊敬の念から、「先生」と呼んでいただける機会に恵まれた職業ですが、ともすると、依頼者と距離感が遠くなってしまう可能性もあります。一度距離ができてしまうと、依頼者としても弁護士に遠慮してしまい、弁護士としては必要な情報を聞き取れない可能性があります。依頼者から得られる情報はできるだけ多い方がいいのは言うまでもありませんし、弁護士に情報を共有しやすい雰囲気をつくっておくことで、弁護士に話をしているうちに重要な話を思い出した、というようなこともあります。このように、常に情報をもらいやすい状態にしておくことが依頼者と案件をスムーズに進めるうえで非常に重要です。

このことは、インハウスローヤーにおいても重要です。弁護士の専門性の高さと仕事内容に対する信頼が大切なのは言うまでもありません。しかし、インハウスローヤーとして大切なのは、チームの一員として組織に溶け込み、社内で起き得るさまざまな法的問題に早期に対応できるようにすることです。対応は早期であればあるほど傷が浅くて済むことから、普段から自然とインハウスローヤーにいろいろな情報が集まりやすい状態となるような関係性を組織内で築いていくことが重要です。

誰よりも自社のことを知る！

それでは、情報の集まるハブとなるためには、具体的にどのようなことを心がけるべきでしょうか。普段から挨拶をしっかりするなどの社会人としてのマナーも大事ですし、事務所の弁護士であっても挨拶は重要です。依頼者だけではなく、一緒に働く弁護士、事務員へのコミュニケーションを円滑にするように努めることが大切です。

私は、インハウスローヤーにとって特に重要な心がけは、自分が今勤めている会社のことを深く理解することであると考えます。営業マンとして外部にプレゼンをするくらいのつもりで、自社の商品の特徴やビジネスのやり方を学び、会社の組織体制、慣習、企業哲学等を理解しようとする姿勢が非常に重要です。自社の業務に精通することができれば、他部署の人とのやり取りもスムーズに進むため、周囲からのあなたへの信頼は格別のものとなります。

インハウスローヤーは、弁護士であるのと同時に１人の社員ですが、「○○さんは弁護士先生だから……」という（あまりありがたくない）色眼鏡をかけられてしまい、距離感が開いてしまう可能性もあります。そうした距離感をなくして信頼関係を築いていく際には、「自分は会社を売り込む営業マンなのだ！　だから、誰よりも会社のことを知っておこう！」と思い込むくらいの気概があってもよいのかもしれません。

ボス弁の視線

弁護士業務はサービス業と心得よ

弁護士としての振る舞い方は、弁護士が決めるものではないのかもしれません。社会一般が、依頼者が、どのような弁護士像を求めているのかを敏感に察して、それに適合した振る舞い方をすることが必要であるように思います。

ただ、「振る舞い方」として重要なのは、「弁護士がエレベーターのボタンを押すこと」がどうかといった、単なる「カタチ」、演出上の振る舞い方ではありません。体験談でも述べられているように、依頼者や社内とのよい距離感を築くため、よりよい信頼関係を勝ち得るための心がけから自然と表れてくる振る舞い方こそ本物であり、重要です。

近年、弁護士業務にもサービス業としての側面が多分にあるとの理解が一般的になってきていますが、サービス業としての側面があるのであれば、細かな気遣いの一面として、「弁護士がエレベーターのボタンを押す」、あるいは「エレベーターの扉が閉まるまで頭を下げる」ことも当然ではないか、と私は考えています。通常のサービス業、例えばホテルであれば、こうした対応を当然とるでしょう。これに対して、弁護士がそうした対応をすべきでない理由は特段ないのではないか、と思うのです。依頼者のためのサービスとして気遣いできることは、「弁護士だから」という先入観は捨てて、できる限り行ってもよいのではないでしょうか。

「弁護士的な威厳のある振る舞い方をする」という演出を意識するのではなく、依頼者のための気遣いとして自分が思いつくことはできる限りのことを行い、よい距離感、よい信頼関係を築くための心がけから自然と生まれてくる振る舞いを大切にしていただければと思います。

ボスの奥の手

調停事件の待ち時間や裁判所への移動時間における弁護士の振る舞い方も、依頼者へ与える印象の大きな割合を占めるため、大切になってきます。

特に、調停事件の待ち時間は非常に長く、依頼者は不安になったりイライラしたりすることも多いため、依頼者ができるだけリラックスできるような小ネタ話や雑談時によく聞かれる質問へのスマートな答えを用意しておき、待ち時間のストレスを軽減することも弁護士としての大切な役割です。

例えば、「なぜ弁護士になったのか」という質問は、何百回と聞かれます。これは依頼者の心をつかむ自己アピールの機会と心得たいところです。一般的にはポジティブで前向きな回答を用意しておきますが、依頼者にも、ビジネスとして弁護士と付き合いたい方もいれば、弁護士に処世術や人生訓を仰ぎたいと考える依頼者もいます。私は数パターンの説明を準備していて、依頼者の考え方の傾向に合わせて、話をするようにしています。

また、依頼者にとって、弁護士は「自分のために戦ってくれる存在」です。調停の待ち時間や打合せの際などには、依頼者のために戦っているのだという姿勢を見せていくことも重要です。

Rule

04 ボス弁とのコミュニケーション

▸ ボス弁は最大のクライアント

――事務所のカラーは、ボス弁の個性が強く反映される。イソ弁にとってボス弁は、仕事のやり方や内容についてはいろいろと注文を出され、ときにはご機嫌をとるための腐心が必要である存在かもしれない。しかし、同時に、給料・報酬を支給してくれる、初めての固定客にして最大のクライアントでもある。ボス弁の信頼を失わないためには、ボス弁の個性に合わせて、ボス弁の満足度を高めることが必要になる。

あなたにとってボス弁とはどのような存在ですか？　厳しい師匠、優秀な経営者、はたまたご飯やお酒をおごってくれる人等、さまざまだと思います。ただ間違いないのは、ボス弁とは、あなたが所属する事務所のトップであり、イソ弁に給料・報酬を支払っている人であるということです。言い方を変えれば、イソ弁にとって、ボス弁とは初めての固定客（クライアント）なのです。

ボス弁がイソ弁を雇うのは、仕事量が多く自分１人では手が回らなくなっているときか、新しい分野を開拓する等で仕事量を増やしたいときですから、基本的には、ボス弁は自分で全ての仕事を回すことを前提としておらず、イソ弁にある程度の仕事を任せたいと考えています（ほぼ全ての仕事を任せる事務所もあります)。弁護士になりたて・事務所に入りたての時は仕方がないかもしれませんが、ある程度経てば、ボス弁がどのようなことをしてほしいのか考えて仕事をする必要があります。いつまでもボス弁（又は兄弁・姉弁）の指示を待って動いているのでは、あなたはイソ弁ではなく高い給料をもらう高級事務員になってしまい、ボス弁の信頼を失ってしまいます。

ボス弁がどのような人物であるのか、普段どのようなことを考えているのかを知るためには、日頃のボス弁とのコミュニケーションが欠かせません。ただ、ボス弁は、いわば中小企業のワンマン社長であり、わがままで主張が多く、仕事の進め方等にもこだわりを持っている人（ワープロソフトをWordではなく一太郎を使っている弁護士もいます）が多いのも事実です。さらに、複数のボス弁（パートナー）がいる事務所では、それぞれから仕事を振られますが、ボス弁それぞれのパーソナリティーや仕事の進め方に違いがあるため、言っていることが異なり、対応に苦慮しやすいです。

ボス弁の意図を汲んで仕事ができるようになれば、仕事の効率も上がり、事務所で仕事をしていくことがもっと楽しくなると思います。難しいクライアントであるボス弁のニーズを汲み取る苦労は、きっと将来あなたが自分のお客さんを持つときにも役立ちます。若手弁護士が実は一番気になるボス弁とのコミュニケーションについて、体験談をご紹介します。

体験談 1

初めての顧問先、ボス弁？

弁護士３年目　男性／中規模事務所勤務

ボス弁もいろいろ

弁護士事務所の構成はさまざまですが、私の事務所の場合、複数のマネージングパートナーがいます。その中で普段、私に仕事をくれる方々をボス弁とするならば、私には５人以上のボス弁がいることになります。

皆さんも実感されているとおり、ひと口に弁護士といってもその生態（失礼！）は極めて多様であり、ボス弁というのも極めて個性豊かです。そして、アソシエイト弁護士にとって初めての固定客（≒顧問先）であるボス弁の個性や好みに合わせた仕事をすることは、とても重要です。

ボス弁が、いつアソシエイトを雇おうと考えるか。それは言うまでもなく、仕事が増えて自分だけではとても回らないと考えたときです。仮に１人で仕事が回るのならば、それ以上のコストパフォーマンスは存在せず、月々高額な固定の「顧問料」を払ってまでアソシエイトを雇う必要はないからです。そのため、アソシエイト弁護士は、常にボス弁の個性に合わせ、「顧客満足度」を高める必要があります。

とはいえ、私のように何人もボス弁がいる場合、慣れるまでの間は個々のやり方に合わせるだけでも大変です。

そもそも、ボス弁によって案件の傾向も異なりますし（顧問先の業種や規模、企業案件ばかりなのか個人案件も受ける先生なのか等）、書面完成までの過程、文書に赤を入れる程度、期日報告書の内容、事件の進捗報告のタイミングに至るまで、微細な部分を含めると結構な違いがあるものです。

決裁コミュニケーション

しかし、どんなボス弁を相手にするときでも共通して重要なことは、①任された案件については自身もボス弁と対等のプロとして処理すること、②よくわからない問題であっても、一定の根拠に基づき、まずは自分の結論を出すことです。

比較的多くのボス弁たちと仕事をする機会に恵まれる中で私が気づいたこととしては、他ならぬボス弁自身も常に一定の不安を持っているということです。ボス弁が「○○について調べておいて」と指示を出すときは、ボス弁自身もわからないと思っていることを聞いている場合が多いです。本当にわからないから聞いていることが、指示という形になるのです（あるいは、おおよその見立てはついているけれども、多角的な検討をしたいと考え、あえて自分の見通しを話さずにリサーチさせるボス弁もいます）。だからこそ、自分の結論を出さないまま持って来られてもボス弁も困るのです。

また、アソシエイトより遥かに長い弁護士経験を持つボス弁たちは、概して事案の勘所をつかむことがとてもうまいです。細かい法規制や論点については調べなければわからなくとも、事案の方向性や落ち着きどころについての見通しを立てる力が強いということです。

そもそも、弁護士の仕事はあまりに幅広く、裁判例や法律も頻繁に変わるので、たとえ何年弁護士をやってみたところでわからないことは多く、それはボス弁にとっても同じです。だからこそ、特定の事項について時間をかけて調査し、頭を使ったアソシエイトの意見は、ボス弁にとっても参考になるのです。

また、記録や証拠関係については誰よりも自分が詳しく、この事件は自分が専門家だと自信を持って言えることを意識して仕事をすべきだと考えます。事件処理の中では、調査や資料の読込みが最も時間がかかるポイントであり、先に述べた、人を雇う側の観点からすれば、ボス弁がアソシエイトに最も任せたいと考えているのもこの点だからです（時間がないボス弁のために、報告時の添付資料等は絞ります）。

事件記録をしっかり把握していれば、経験豊富なボス弁からの鋭角な質問にもひるむことなく回答できますし、自身の考えと違うとなれば対等に議論することも可能だからです。ボス弁の意見も必ず正しいとは限らず、ボス弁が間違っていると考えるときはアソシエイトもしっかり意見を述べるべきであり、そのための武器として、ボス弁よりも事案を把握していることが重要なのです。

言い方にはもちろん気を付けるべきですが、よく検討したうえでのアソシエイトからの積極的な意見についてはボス弁も歓迎するはずであり、このようなことの繰り返しにより、自分の実力が向上していくことはもちろん、ボス弁にも次第に一人前と認められるでしょう。私自身、ボス弁に対して比較的はっきり意見を言う方ですが、そこについては気に入ってもらっていると（自分では）思っています。

ただし、顧客向けには決してボス弁の顔を潰さない、これもアソシエイトに求められる能力です。議論は必ず内々のタイミングのみで済ませ、顧客向けの回答メールには例えば、「○○弁護士（ボス弁）の指示によりご回答致します」と枕詞を入れる等、ボス弁の指導のもとで事件処理をしているとアピールすることも有用かもしれません（これは、ボス弁に対してお金を払い、仕事を依頼しているクライアント向けの配慮でもあります）。

できる範囲で飲みニケーション

飲みに誘ってくれるタイプのボス弁に対しては、（プライベートや家族サービスを含む）自身の生活上無理のない範囲で付き合いましょう。お酒が舌を滑らかにしてくれる飲み会の場は、職場では聞けないボス弁の不安やちょっとしたエピソードから見える人となりをつかむ、またとないチャンスです。職場では怖く見えるボス弁も（長年弁護士をやっていると、なぜか皆独特の迫力が出るものです）、案外普通の人間だと知ることができるでしょう（ボス弁の若い頃の話などは特に面白いです）。

コロナ禍において、ボス弁と一緒に飲みに行くことができなくなっていますが、ランチやゴルフ等の共通の趣味にボス弁が誘ってくれる機会があれば、これもぜひ無理のない範囲で付き合いましょう。

ゴルフは一般に人となりが出るスポーツと言われますが、その他どんな趣味でも良いので、職場を離れた非日常的な体験の中からボス弁の新しい一面を見ることができるかもしれません。

基本的に僅かな人数しか採用しない法律事務所で、自分を選んでくれたボス弁とはできればよい関係を築きたいものですね。

体験談2

ボス弁から盗めることは積極的に盗もう

弁護士6年目　男性／中規模事務所勤務

私の勤務先事務所は、ボス弁以外の弁護士は全員がアソシエイト（イソ弁）で、事務所の案件については、ほとんど全てボス弁が獲得した顧客からの依頼に基づくものであるため、全ての案件をボス弁が管理し、各イソ弁に仕事を割り振るといった形式で運営されています。個人で受ける案件についても、事務所案件の処理に支障が出ない限り、自由に受任していいことになっています。

また、顧問先や事件ごとに仕事が割り振られ、ボス弁と担当のイソ弁１人で各事件の処理を行うことから、イソ弁が複数で共同して事件を担当することがほとんどなく、イソ弁同士の関係は希薄である一方で、各イソ弁とボス弁が接する機会が非常に多い事務所です。

そのため、ボス弁との関係を友好に保つことがとても重要ですが、私自身、ボス弁との関係を構築するにあたり気を付けていることを紹介したいと思います。

私のボス弁は非常に優しい方で、入所当時からよく飲みに連れて行ってくれましたし、起案のチェックや案件の進め方等の仕事面についても、イソ弁が経験を積むまでの間は丁寧に指導してくれました。仕事上の失敗をしたとしても、咎められることは一切なく、次から気を付けるようにねと言われるだけでしたが、それは私だけではなく、他のイソ弁や事務員に対しても同様でした。数年間の経験を経た後は、案件の処理について、基本的な方針についてはボス弁の判断に従いますが、方針の大枠を外さない限り、自由に進めていくことを任されるようになりました。「責任はとるから自由に進めてくれ」というのが、私のボス弁の基本スタンスです。

とはいえ、事務所案件の依頼者は全てボス弁の顧客です。ボス弁としては、自分に対する顧客の信頼を確保しつつ、面倒な起案や顧客対応はイソ弁に押し付けたいというのが本音だと思いますが、依頼者は、自分の仕事を新人の弁護士が担っていると知れば不満に思うことは間違いありません。私は、実際は自分で起案をしていても、文章の表現方法はボス弁が好んで使う言い回しを取り入れる等、依頼者には引き続きボス弁が起案しているように見えるような配慮はしていました。また、振られた案件につき似たような案件の有無を聞いて、近い内容の案件があれば過去の記録を読んでみるなどして、ボス弁の好みの文面などを学ぶようにもしていました。そのうえで、経験を重ねていく中で、徐々に自分の好みの表現方法を取り入れるようにしていきました。現在は、もちろん最終的なチェックは受けますが、ボス弁から起案の修正を指摘されることもほとんどないので、起案面では信頼されていると感じています。

顧客対応についても、私のボス弁はとても気さくで、誰からも好かれる人柄ですが、そんなボス弁の対応方法を間近でよく観察しつつ、顧客の性格や要望を早い段階で理解し、顧客の望む対応や気遣い、書面の書き方をしようと努力していました。そうすることで、顧客の信頼獲得につながったように思います。もちろん、あくまで依頼者はボス弁の顧客なので、自分でほとんどの案件処理をしていたとしても、顧客には「ボス弁の指導・監督に基づいて進めていますので」等と、自分はボス弁の手足であることを強調し、ボス弁の顔を立てておくことも重要です。

自分の将来やスキルアップのために

ボス弁とのコミュニケーションとして、一緒に飲みに行くことは、相互理解を深める有効な手段だと思います。もちろん、時勢的に飲みに行くことが難しかったり、そもそもボス弁がお酒を飲まない場合もあるかと思いますが、私のボス弁は非常にお酒が好きですし、私自身も飲みに行くことは好きなので、ボスに誘われたときは、どうしても外せない私用がない限り、積極的に行くようにしていました。飲んでいる席では、現在進めている案件のことや、過去の経験のことを気軽に聞きやすいですし、ボス弁は、経営者として孤独を感じていたり、不安を感じていたりすることも多く、そのような話の一端を聞くことは、事務所内での自分の立ち振る舞い方を見直す契機になることはもちろん、自分が将来独立するときの参考にもなります。

また、自宅よりも職場にいる時間の方が圧倒的に長いのですから、事務所の雰囲気をよくすることは、自分の精神面を支えてくれることにもなります。ボス弁が気軽に仕事をすることができ、事務所に和やかな雰囲気が流れるような配慮が必要だと思います。

私のボス弁はそもそも和やかな方なので、どんなに忙しくても機嫌が悪くなることもなく、事務所の雰囲気もアットホームです。自分がその雰囲気を壊さないように気を付けるくらいなので、ボス弁の姿勢は非常に勉強になります。ただ、他方で、ボス弁は非常に忙しいので、細かい指示が行き届かないこともあり、新人のイソ弁や事務局が仕事の対応方法で悩んでいることもよくあります。私は、ボス弁が事務所にいないときで、ボス弁の指示がよく理解できずに困ってそうな事務局に気づいたときは、積極的にボス弁の指示の意図を補完するようにしていますし、逆に事務局から相談されることも多いです。そのような私の姿勢にボス弁も気づいてくれていて、お礼を言われることもありました。自分自身の仕事をしっかりとこなすことも重要ですが、事務局も含めた事務所全体の雰囲気をよくしようとする姿勢を見せることで、よりボス弁からも信頼されるようになると思います。

ボス弁は、新人弁護士よりも、事案の処理に対する方針の見立てや起案を含めた具体的な手続の進め方、裁判所や検察に対する接し方、顧客の獲得・対応方法、イソ弁や事務局との関係性、事務所の経営方針など、弁護士としての全ての経験が豊富です。もちろん、ボス弁も人間ですので、ボス弁に足りないと思うところに気づくこともあるかと思います。ボス弁から盗めるところは積極的に盗み（ただし、ボス弁から顧客を盗んではいけません！）、不足すると感じたところを埋めるような形で日々の業務に取り組むことで、ボス弁との関係も良好になりますし、いろいろな面で自分のスキルアップにつながると思います。

ボス弁の視線

怖い怖いと思わずに聞いてほしい

確かに、若い世代からするとボス弁という存在は期がかなり上になってしまいますし、話しかけにくい存在かもしれません。

ただ、仕事面においては特にですが、怖い怖いと思わずに気になることがあればちゃんと聞くようにしてください。

誤解を恐れずに言えば、弁護士としての経験をすでに重ねてしまっていることから、ボス弁は若手弁護士がどの程度仕事ができて、何ができないのかということについてあまりわかっていないのです。

「できます！」と答えてもらうと、こちらもほかの仕事があるので任せてしまうこともままあります。そのようなときに、書面提出のぎりぎりになって全く見当違いでしたということになると、大きな問題になってしまいます。

わからないことは「わからない」と言ってもらうことも、大事です。ただ、そんなときに「こんなこともわからないのか！」と言ってしまうことがあるかもしれませんが、そんなことがあっても大目にみてほしいなと思います。それだけ期待は高いということで。

やり方を学んでいってほしい

ほかに気になることとしては、ちょっとわがままな話かもしれませんが、事務所にいる以上は事務所のやり方を学んで従ってほしいと思います。

例えば郵便やFAX、電話のかけ方、クライアント対応、メールの返信、書類の編綴の仕方等は、いちいち教えなくても周囲を見ながらわかってほしいなという気持ちはあります。確かにほかのやり方もあるかもしれませんが、事務所に所属している以上は合わせてほしいですね。

もちろん、法律的に違うとか、クライアント対応として違う方がよいのではないかと思うことがあれば、どんどん言って来てくれた方が嬉しいと思っています。案件の処理を任せているのですから、担当弁護士の見立ては重要です。「自分がこの案件について一番記録を見ているので、この方が○○という理由でよいと思う」という話をされると、「ほう、なるほど」と思うこともあります。

バランスが難しいところですが、あまりにもボス弁のイエスマンになってしまっていると、仕事に責任をとることがいつまでもできないので、弁護士としての成長がないような気がして心配になります。

ともあれ、弁護士というのは、概してわがままなものです。ましてボス弁となればなおさらです。うまく距離感をはかって、コミュニケーションをとっていってほしいなと思います。

Rule

05 兄弁・姉弁とのコミュニケーション

▸ 兄弁・姉弁は便利な無料法律相談所

――兄弁・姉弁は、ときにはボス弁にも勝る相談相手である。法律実務家として先輩であることはもちろん、事務所内での振る舞い方、ボス弁や事務局との関わり方についてもきっと頼りになる存在であるはず。どんどん頼って、どんどん技術や思考方法を盗むべきである。

兄弁・姉弁が、相談相手として優れている理由は3つあります。

第1に、第一線で実務を行っている点です。期が上のボス弁ほど、たくさんの仕事に責任を負っている反面、仕事の最終チェックのみ行うという場合も少なくないので、書面の水準や、訴訟との兼ね合いでどういった方向性や厚みで論じるかなどの「完成形」についてのアドバイスには向いていますが、思考過程や書面作成過程などのいわゆる「プロセス」については現役から離れてしまっていることも多く、その点のアドバイスは、兄弁・姉弁の方が向いています。

第2に、期や年齢が近い点です。期が近いため、ボス弁よりも気軽に相談できるというのみならず、自分に近い感覚でアドバイスしてくれます。ボス弁のような何十年もの実務経験によって培われた勘所からのアドバイスはとても有用ではありますが、勘所が培われていないイソ弁の身では、アドバイスの真意を理解できず、応用がきかないこともあり得ます。しかし、兄弁・姉弁は、ボス弁よりも感覚が近く、また、自身も同じことで悩んだ可能性があるため、なぜそのような質問に至ったのかを汲んで、理解しやすいアドバイスをしてくれるでしょう。

第3ですが、兄弁・姉弁は、食事やお酒をともにしながらフランクな雰囲気の中で率直な相談をできる機会も多いです。場合によっては、ご飯をご馳走してくれるというおまけを付けてくれることもあり得ます。

このように兄弁・姉弁はとても有用な無料法律相談所ですが、良好な先輩後輩の関係を築くためには気を付けなければならないこともあります。先輩の体験談からそのポイントを学んでいきましょう。

体験談1

可愛がられる弟弁・妹弁になるために

弁護士5年目　男性／中規模事務所勤務

事務所で最も身近で相談しやすく、しかも頼りになる存在は、なんといっても兄弁・姉弁です。ボス弁にはなかなか聞けない質問でも、兄弁・姉弁だとぐっと心理的ハードルは下がり、気軽に聞けたりするもの。そんな頼りになる兄弁・姉弁に可愛がられたなら、仕事も事務所ライフもきっと充実したものになるはずです。

とはいえ、そもそも兄弁・姉弁とどうコミュニケーションをとればいいのでしょうか。さらに進んで、可愛がられるにはどうすればいいのでしょうか。

兄弁・姉弁にもさまざまなキャラクターの方がいるので一概には言えませんが、移籍を経験し、何名かの兄弁・姉弁と触れ合い、自分自身も兄弁として後輩と接してきた私のノウハウをご紹介します。

質問する前に軽くリサーチを

兄弁・姉弁は身近で頼りやすい存在だけに、つい何でも質問をしてしまいがち。ただ、多くの兄弁・姉弁は事務所案件だけでなく個人案件も抱えていて、忙しいものです。そんなときに、ちょっと調べればわかるような質問が続くと、人間誰だってイラッとしてしまいます。今はインターネットで調べれば、最初の取っ掛かりを得ることは大変楽な時代。質問するときは、せめて手持ちの文献やインターネットでひととおり調べて取っ掛かりを得てからにしましょう。兄弁・姉弁の機嫌を損なわないためにも必要ですし、恥をかかないためにも大事なことです。あまりに基本的な質問が続くと、兄弁・姉弁に「こいつは、大丈夫だろうか？」と心配されてしまいます。

質問するときはタイミングに注意

先ほど述べたように、兄弁・姉弁はとかく忙しいもの。時間の余裕がないときに質問してしまわないよう、質問する前にはよくよく兄弁・姉弁の様子を観察してみましょう。ひと仕事終えて、ほっとひと息つこうとしているときなどは、絶好のチャンスです。兄弁・姉弁の呼吸に合わせることが大事です。

日頃からの「ホウ・レン・ソウ」

兄弁・姉弁から信頼されれば、事務所案件で組むのみならず兄弁・姉弁の個人案件を共同受任させてもらう機会もあるでしょう。

もっとも、個人案件について声をかけてもらうためには、日頃から「任せても大丈夫だな」と感じてもらう必要があります。もちろん、起案等のアウトプットの質が高ければ、それは即座に信頼感につながるでしょう。ただ、そこまでいかなくても、まずは「ホウ（報告）・レン（連絡）・ソウ（相談）」といった基本的なことを日頃から心がけ、案件の状況についてきちんとアップデートして伝えていくことで、十分に兄弁・姉弁の安心感につながります。

兄弁・姉弁の立場からいえば、報告も連絡も相談もなく、任せたはずの案件がブラックボックス状態になり、ギリギリになって全然進んでいない……というのが一番怖いものです。日頃から気を付けて、信頼される弟弁・妹弁になりましょう。

食事や飲みに誘われたら、可能な範囲で付き合おう（ただし、無理は禁物！）

兄弁や姉弁から食事に誘ってもらう機会があれば、（自分のプライベートや家族との関係で）都合がつく限りではなるべく付き合うようにしたいところです。先輩がわざわざ声をかけてくれるというのはやはり有難いことですし、声をかけてくれるのは相手の仕事やプライベートが手すきのタイミング（≒当面その時しかない）ということでもあるからです。

また、人間はやはり、自分と波長が合う相手や可愛がっている後輩と仕事をするのが最も気楽で、ストレスのたまらないもの。ただでさえ弁護士という職業にはストレスが付き物ですから、兄弁・姉弁も、一緒にいて楽な弟弁・妹弁と仕事をしたいと望んでいるはずです。そのように思ってもらうための近道として、食事やお酒の時間を一緒に過ごし、仕事以外の話題を数多く共有していくことは有用な方法の１つだと思います。仕事上の姿は、業務時間中にお互い嫌でも見続けるわけですから、食事や飲み会のときには、最初のうちはできる限り仕事から離れましょう。兄弁・姉弁に、仕事上の姿以外のプライベートの姿を知ってもらうつもりで接すれば、きっと自分への理解を深めてくれるでしょうし、理解が深まれば、後輩として可愛げがあると思ってくれる可能性は高まります。

ただし、相手への接し方については、飲み会のときほど注意する、という視点も必要です。もちろん砕けた場なので、職場にいるときより近しい距離感で接してよい（相手の話に突っ込んでみる等）と思います。それでも、近すぎる接し方は（あくまで職場の仲間としては）不快感につながりますし、完全な無礼講はしないという姿勢を持った後輩でないと、場合によっては嫌われてしまうこともあるかもしれません。

なお、食事や飲み会も兄弁・姉弁のお誘いがセクハラに当たるような場合には、当然話は別です。断固として拒否しなければなりません。

兄弁・姉弁に頼られるジャンルを１つ持っておく

例えば、事務所周辺のレストランを調べておき、兄弁・姉弁と食事に行く際に新しいお店の提案をすることができれば、食事について頼られる存在になるかもしれません。食事について頼りにされると、その分誘われる頻度も増える可能性がありますし、感謝される場面も出てきます。一見些細なことのように見えますが、こんなことから兄弁・姉弁との距離が縮まっていくこともあるのです。

私自身の経験を言うと、食べ歩きが好きなので、日頃から事務所周辺に限らずさまざまなエリアのレストランをチェックしていました。その事実が兄弁・姉弁に知られるようになると、兄弁・姉弁が幹事を務める食事会の場所について相談を受けたり、食事に誘われたりするケースが増えるようになりました。また、後述のような食事会の幹事を務めることが当たり前になりました。このような状況になると、兄弁・姉弁にとって何かと便利な存在と思ってもらえます。弟弁の立場からすると、兄弁・姉弁にそう思われるのは、得こそあれ損はありません。食事の際に自分のことを頼ってくれた兄弁・姉弁は、仕事の際にきっと恩返ししてくれるでしょう。

なお、ここではレストランを例として挙げましたが、映画をはじめその他の話題でもいいでしょう。何か１つでも、兄弁・姉弁に頼られるテーマを持てば、可愛がられることにつながると思います。

兄弁・姉弁や後輩、事務局を誘い、幹事として食事会を開く

私は、実際に兄弁・姉弁・弟弁・妹弁、そして事務局を誘い、自分が幹事になって定期的に食事会を開いています。このように、自分が人間関係の潤滑油の役割を引き受けることで、兄弁・姉弁からも可愛がられるようになるでしょうし、事務局との関係性もよりよくなることが期待できます。

兄弁・姉弁とのコミュニケーションに限らないことですが、幹事になる機会があったら率先して引き受けましょう。幹事になる機会がなかったら、幹事になる機会を自分でつくりましょう。人の輪が自分の周りにできれば、そのグループ内で自分がハブになります。そうすれば、必然的に相談等も集まってくるはずです。

会派の集まりやイベントに出席しよう

兄弁・姉弁が事務所にいる方も、いない方も、もし自分の所属する弁護士会に会派があるようなら、ぜひ集まりやイベント等に参加しましょう。年齢も期も近い先輩との出会いがあるはずです。事務所に比べ、より多くの先輩と顔を合わせる機会があるでしょうから、その分、真に波長の合う先輩と出会う可能性も高いといえます。

本当の兄弁・姉弁よりも、むしろ相談しやすい先輩弁護士との出会いが待っているかもしれませんし、所外のつながりを持つことも、兄弁・姉弁と上手に付き合うことと同じくらい大事かもしれませんね。

体験談 2

相談の仕方で、力量が測られる

弁護士５年目　男性／中規模事務所勤務

相談の仕方には気を付けるべき！

兄弁・姉弁は、年齢や期が近いという観点から、ボス弁よりも、いろいろな面で相談しやすいとは思います。もっとも、私自身が兄弁・弟弁双方と日頃接する中で感じることとして、兄弁・姉弁は、相談の仕方で弟弁・妹弁の力量を測っていることも多いかもしれません。その測り方のポイントについては、弁護士によって違うと思いますが、以下のようなポイントに気を付けると、兄弁・姉弁からの信用を得ることができるのではないでしょうか。

❶事案や状況について簡にして要を得た説明ができるか

兄弁・姉弁も、当然、日々の業務に追われており、忙しい中で相談に乗ってもらうわけですから、なるべく時間をかけず端的に相談する必要があります。相談時の兄弁･姉弁の第１の視点としては、相談する事件のポイントをどれだけ整理して理解できているかという点に帰着すると思います。ある程度、経験に左右されるところかと思いますが、経験が浅くても、本来的に想定される状況（通常時）と比べて、どの場面で、どのような違いが生じているのか、その程度がどれくらいなのかといった観点から整理して質問するとよいでしょう。

❷どの程度の調査をしたうえでの質問か

この点は、文献調査力や問題解決力についての評価につながります。事務所にある本のうち、関係ありそうなものには目を通してから質問するべきです。それで直接の答えが見つからなくても、関係ありそうなものがあれば、「この本にはこういった記載があるのですが、○○という違いが△△に影響すると思えるので、同様に考えていいのか確証が持てなくて、意見をもらえませんか？」などといった質問をすることで、質問をされる側としても、考えの糸口が得られることにもなりますし、場合によっては、❹と関連するのですが、そこまで考えているのかと感心させることもでき、より信頼を得ることができると思います。

❸質問の内容が悩んでも仕方がないといえるレベルのものか

前述の❶の観点から問題を整理し、❷のような文献調査などをしていれば、自ずと答えが導けるであろうことを質問されると、今後どの程度の仕事まで任せて大丈夫なのか、兄弁・姉弁を不安にさせてしまいます。もちろん、普段扱わない法律で戸惑うのは、経験が浅いうちはやむを得ないと思います。しかし、弁談士としてバッチを付ける以上、最低限できるべきことはできてほしいと思われてしまいます。

❹自分なりにどの程度考えられているか

相談する事件が、兄弁・姉弁の事件ではなく、本人が任せられている事件の場合、その事件処理について、自分自身が真剣に考えることができなければ意味がありません。1人の弁護士として、自分なりの考えを持って質問・相談に臨むべきです。

以上のポイントに気を付けながら相談することにより、兄弁・姉弁の信用を得ることができれば、より相談しやすい関係を構築することができると思いますし、ひいては兄弁・姉弁の個人事件を共同で任せてもらえるといった恩恵を得ることにもつながるかもしれません。

ボス弁の視線

よい兄姉・弟妹の関係を

兄弁・姉弁への相談は、大いに活用してほしいところです。ときには図々しく頼ってみることで距離を縮めることも有用でしょう。後輩に頼りにされて嫌な気がするだとか、無下な扱いをする先輩はあまりいないからです。

しかし、兄弁・姉弁に対する相談には、法律事務所の無料法律相談と違って、気を付けなくてはならないことがあります。

兄弁・姉弁にとって、弟弁・妹弁は、依頼者でないことはもちろん、将来の依頼者候補でもないということです。兄弁・姉弁は、あくまでも、先輩としての仁義や優しさから、貴重な時間を割いて相談に乗ってくれているのですから、相談する側としても、尽くすべき仁義や礼儀があります。それを欠いたまま、自分勝手に質問ばかりしていては、兄弁・姉弁との関係が悪化して、ひいては事務所全体の空気が悪化してしまう危険もあります。

そのため、兄弁・姉弁に質問をするときは、相手が不快に思うことがないように、以下の２点に気を付けてもらいたいと思います。

まず、体験談２にも指摘されていることですが、事前に自分でもある程度調べて、自分なりの答えを考えたうえで質問をすべきです。なぜなら、兄弁・姉弁にとって、弟弁・妹弁は、事務所の後輩であるとともに、同じ資格を持った（同じ土俵にいるべき）存在なのであって、全てを教えてもらって、言われたままに事務的に作業する存在ではないからです。あくまでも事件に対して積極的に挑む姿勢を忘れないでください。ただし、緊急性が高い場合で、ゆっくり調べている場合ではないときは、文献調査等を早々に切り上げて質問すべきですので、その点には注意が必要です。

次に、兄弁・姉弁は、第一線で動いていることから、仕事に追われていることが多いことにも注意してほしいと思います。兄弁・姉弁が行っている仕事には、対価を払っている依頼者がいるのであり、その仕事を犠牲にしてまで、弟弁・妹弁の無料相談に乗るわけにはいかないのです。あくまでも質問するときは、「お手すきの時間があれば」という気持ちを大切にすべきですし、特に、作業に集中しているときや急ぎの仕事をしているときは避けるなど、空気を読んでタイミングを図るようにしましょう。

とはいえ、上述のとおり、緊急の場合には、遠慮をしている場合ではありませんので、遠慮しすぎることのないように、バランス感覚を日々の執務の中で養ってください。

また、相談に乗ってもらった後は、お礼をきちんと述べるなどの礼儀も欠かさないように注意しましょう。

Rule

06

事務局とのコミュニケーション

▸ 事務局は裏ボスと思え

——事務局は、法律事務所の運営にあたって極めて重要な存在であることは言うまでもない。ボス弁同様、事務局を敬い、感謝し、その気持ちを目に見える形で表現すべきである。ただし、事務局に迎合するような立場になってはならない。

事務局をボス弁同様に敬う必要がある第1の理由は、事務所内における事務局の役割の重要性にあります。つまり、事務局がいることにより仕事の効率は格段に上がるといえますし、また、仕事の内容によっては、イソ弁よりも事務局の方が詳しく、手際がよいこともあります。そのため、場面によってはイソ弁よりも事務局の方が重宝されます。事務局が一緒に働く仲間であるということを自覚し、ときには教えていただくという気持ちを大切にするべきでしょう。単に弁護士であるというだけで、事務局より自分の方が偉いなどと誤解してはいけません。

第2の理由は、ベテラン事務局はボス弁からも信頼されており、ボス弁とベテラン事務局のコミュニケーションは円滑な場合が多いからです。ベテラン事務局に対する不誠実な対応などは、当然にボス弁に伝わっているであろうと考えるべきです。もちろん、ベテラン事務局以外の事務局に対しても不誠実な対応などがあってはいけません。そのような情報は、事務局内で共有され、結果として、ベテラン事務局を通じてボス弁に伝わるものと思うべきです。

そのような「裏ボス」たる事務局には、例えば、食事をご馳走する、旅行や出張のお土産や、バレンタインデーやホワイトデーのやり取りにあたり奮発するなどの方法で、感謝の気持ちを目に見える形で示すことも一案です。事務局の日々の仕事に感謝する気持ちを伝えることで、事務局との関係が良好になり、事務局のモチベーションが上がり、ひいては事務所全体の仕事の効率化が図れるからです。

ただし、距離感を間違って、セクハラになったり、恋愛トラブルに巻き込まれたりしないようくれぐれも注意しましょう。

体験談1

事務局同士の関係にも配慮を

弁護士6年目　女性／中規模事務所勤務

事務局は、多忙な弁護士にとって必要不可欠な存在

事務局に、弁護士と同様に、案件の解決を目標として責任を持って仕事をしてもらえると、事務所の一体感も出ますし、事件をうまく終えたときの達成感も共有でき、弁護士・事務局といった垣根を越えたかけがえのない仲間となれることもあります。

逆にコミュニケーションがとれないと、例えばクライアントの簡単な電話対応1つでも綻びが出たり、ミスが目立つようになったりします。そうなると弁護士は事務局に任せておけなくなるため、自分で仕事を抱え込むようになり悪循環です。

事務局と良好な関係を築くことが、弁護士としてクライアントによいサービスを提供するためには重要です。

したがって、仕事の対等な仲間として、感謝の念を持って接するべき

です。

事務局の仕事を理解する

私がイソ弁として入所した事務所には、ボス弁２名と、事務局として事務局長のような立場の５歳年上のＡさん（勤続８年)、３歳年上のＢさん（勤続２年)、２歳年下のＣさん（勤続１年）の３名がいました。

私は、弁護士が事務局に指示した場合に、その指示によってどのような作業と時間を要することになるのかを自分で理解するため、最初の１か月は事務局に教えてもらいながら、事務局がやる仕事をできる限り自分でやるようにしました。そうすることによって、事務局が好む指示や嫌がる指示が把握できるようになりました。例えば、週末・月末や夕刻は混雑するので訴状や申立書を提出に行ってもらうのは避けるとか、郵送の指示は簡易書留、普通、速達といった種別もあわせて指示すると事務局の確認の手間が省けるなど、事務局の立場から見た「よい指示」をイメージすることができるようになりました。また、弁護士の指示に対する事務局の具体的な作業や所要時間を理解していると、事務局が急遽欠勤した場合でも焦らなくて済みます。

このように、いきなり指示する側に回るのではなく、まずは事務仕事もこなそうとする私の態度が弁護士にしては謙虚であると捉えられたようで、事務局にも概ね好評のようでした。事務局も自分たちの仕事が効率的になるよう弁護士が配慮してくれているとわかると、積極的に効率的な仕事をするための提案をしてくれ、風通しがよくなります。

また、事務局はそれぞれ業務内容によって分担が決められていたため、誰に仕事をお願いすべきか悩むことは少なかったのですが、新人弁護士としてＡさんの顔を立て、入所当初はＡさんに必ず確認をとるようにしました。新しい事務所のルールもよくわからない中、自分の判断でＢさんＣさんに直接仕事をお願いすると、年次の若いＢさんやＣさんは、(新人とはいえ）弁護士に遠慮があるので「自分の仕事ではない」と言えず不慣れな仕事を抱え込むことになり、Ａさんもまた自分の頭越しに仕事を頼まれたと感じて、不満を持つこともあると考えて、気を付けていました。

なお、事務局の仕事ぶりについて注意や指導をしたいときは、事前に事務局長に話して問題点を共有し、弁護士と事務局長のどちらから注意や指導をすべきか相談した方がよいです。Ａさんのいる場所で、Ｃさんに対し仕事の注意をしたところ、実はＡさんの指示でやっていたらしく、Ｃさんは板挟みになって困り、Ａさんも嫌みと受け取ってしまい、困った事態になったことがありました。

事務局の立場を理解する

事務局はあらかじめ定められた勤務時間内のみ勤務し、給与で生活する従業員です。勤務時間も不規則であり自営業に近い形態の弁護士とは、仕事へのスタンスは当然異なります。

事務局は残業を当然には想定していないので、定時退社後の予定を入れていることもままあります。一度、定時間際にＡさんに内容証明を発送するように指示したところ、とりあえずしぶしぶやってはもらえましたが、「おかげで大事な合コンに遅刻した」と翌日、相当怒られたことがありました。事務局への指示は、可能な限り定時の30分～１時間前にはするようにし、それ以降は事務局の予定を尋ね、無理なようなら自分で引き受けるくらいの覚悟を持つ方がよいと思います。

私は、事務局と夜の食事をする場合にも、事務局の様子を見て無理のなさそうな範囲にとどめるように気を付けています。事務局にとって弁護士との食事は、残業代もつかない仕事の延長と捉えている可能性があることを自覚すべきです。

食事に連れて行く場合は、お開きを事務局が言い出しやすいように複数人の事務局（原則は全員）と行く、翌日の仕事に差し障りが出るような遅い時間まで連れまわさない、残業代がわりと評価してもらえるような少しよい店に連れて行く（当然事務局にお金は出させない）などの配慮をするようにしています。そして、こうした食事会などのときに、上手に事務局のプライベート（特に定時後の時間の使い方）について聞き出しておくと、この曜日はこの事務局には習い事の予定があるはずだから定時間際の仕事をなるべく頼まない、といった細かな配慮もできるようになります。

年上の事務局への配慮

私は、新人弁護士として、Ａさんとのつきあい方には非常に気を遣いました。Ａさんは、年上でもありましたし、ベテラン事務局として新人弁護士よりもよっぽど法律事務に精通していたからです。しかし、結局、弁護士として事務局とうまくコミュニケーションをとる秘訣は、人としての気遣いと感謝の念を持つこと、そして弁護士としてよい仕事をすることです。

あの人は新人だけれども、やはり弁護士なんだなと思ってもらえるように、事務局に聞けばすぐにわかりそうなことでも、何でも聞かずまずは自分で調べる。事務局は、弁護士は専門家だから法律事務を全て理解していると思っているので、簡単なことを聞くと「どうしてそんなことも知らないのか」と評価を下げますし、逆によく知っていると事務局も手を抜かないようになります。

私は、事務局に聞かずに、法律事務所の職員のふりをして裁判所の書記官にこっそり電話で聞いて、さも前から知っていたかのように事務局の前で振る舞っていたこともありました。

事務局が知っていると業務に役立つ法律知識は積極的に伝えるようにしています。特に事務局は、ルーティンの事務作業についてそれが必要な理由を知らないことが多いので、丁寧に法的根拠を伝えると感心されますし、自分の作業の意義を理解できるとミスも減ります。

クライアントからのクレームがあったときは、仮に事務局のミスでも指示した自分の責任と自覚し、決して事務局のせいにしてはいけません。他方で、業務改善のために必要なときには、事務局に遠慮せず言うべきことは言うことが必要です。

これらを実践していると、クライアントから信頼されるようになった頃には、事務局の信頼も勝ち得ていると思います。Aさんは、新しく入所した年下の新人弁護士から指示されることについて、いろいろと思うところもあったようですが、最終的には私のことを評価してくれ、BさんやCさんも献身的に仕事を手伝ってくれるようになりました。

私が事務所を退所した後も、事務局の皆さんとは現在まで個人的な交流を持っており本当に感謝しています。

体験談2

個性に応じた配慮が肝要！

弁護士４年目　男性／中規模事務所勤務

事務局のキャリアもいろいろ

ひと口に事務局といっても、そのバックグラウンドはさまざまです。

今の法律事務所で長く働いている事務局もいれば、以前別の法律事務所で執務していた事務局、法律事務所以外の社会人経験がある事務局もいるでしょう。

このようにさまざまなバックグラウンドを持つ事務局が１つの事務所に集まるきっかけとしては、転職はもちろん、事務所同士の合併ということもあります。

法律事務所に入所したアソシエイト弁護士にとって、初めに直面する大きな悩み事の１つは、このように個性に富む事務局との接し方ではないでしょうか。

新人弁護士にとって（私自身もそうでしたが、特に他に社会人経験がないまま弁護士となった人にとってはとりわけ）、入所当初において、事務局は自身より社会人経験が長いことは当然、年齢も上であることが多いです（私が現在所属する事務所の一番のベテラン事務局は、20年以上の事務局経験があり、現在のマネージングパートナー弁護士の１名が新人時代、指導担当をしていた大ベテランです）。

このような事務局に対し、アソシエイト弁護士は、（時に事務局の雇用主であるボス弁の顔色をうかがいつつ、）適時適切な指示を与え、クライアントへのパフォーマンスとしてのスピード感の実現と、限られた労働時間の中で働く事務局への配慮とを両立させなければならないのです。アソシエイト弁護士とは、何とストレスのたまる仕事でしょう（！）

しかも、普通の会社では皆が経験する、本当の意味での新人期間は存在しません。強いて言えば、司法修習時代に新人期間を終えているということでしょう。つい最近まで試験に向けた勉強だけをしてきた新人が（このような背景からむしろ人を使うことが苦手な人の方が多いのではないでしょうか）、いきなりベテラン・新人さまざまな部下を持つのです。

個性に応じた対応を

とはいえ、指示する者の立場、指示される者の立場、両方を実感として理解できることがアソシエイト弁護士の強みでもあります。

日頃、ボス弁から指示を受ける側であるアソシエイトだからこそ、どのような指示がありがたいのか（あるいは、どのような指示は困るのか）が見えやすいのではないでしょうか。

もちろん、対事務局では、弁護士同士の指示の場合にはない配慮が必要なことも多いです。例えば、弁護士同士であれば、わざわざ言葉にせずともわかっているはずの事項を省略する指示や（こういった指示は一見ぞんざいにも見えます）、ボス弁のわがままが反映された指示等、さまざまな形の指示が想定されますが、対事務局相手ではそうはいきません。
事務局は、一緒に事務所を発展させる仲間であることは当然ですが、あくまで、決まった勤務時間に決まった給料で働く労働者でもあります。また、経験知の面で優れていても、弁護士のように専門家としての知識まで備えているわけではなく、業務につき理論的な意味付けを理解していないこともあります。そのような事務局へお願いをする以上、その依頼方法には然るべき配慮があって当然です。そうでなければ、自身が日頃労働案件の中で見かけるパワハラ上司のようになってしまうかもしれません。

すなわち、相手がベテランの事務局であれば、多くの業務は経験済であり、用件と目的のみを端的に伝えれば済むことも多いです。ただ、ベテラン事務局を相手にする際の注意点は、指示については端的かつはっきりと行いつつも、一方で（若手事務局を相手にする場合以上に）礼儀や敬意を忘れないことです。弁護士と事務局という関係性であっても、自分より遥かに社会人経験が短い若手からあれやこれやとぞんざいに指示を受ければ、内心ムッとするのは人間として当然でしょう。

他方、若手事務局やタイプが異なる事務所で以前働いていた事務局を相手にする際の注意点は、意識的に丁寧に指示事項を伝えることや、可能な限り指示の背景にある理論的な裏付け等もあわせて伝えてあげることです（もちろん、時間との兼ね合いでそこまでやっていられないことも多いですが）。

少しの工夫で円滑に

ただ、ベテラン・若手の別を問わず、どのような事務局にお願いをするときも大事なことは、複数の選択肢があり得る事項について、事務局に判断を委ねず自身で決断すること、指示内容は極力文書に残し、事務局が後で見直しつつ作業ができるよう配慮をすることです。多くの場合、事務局は弁護士に対し、こちらが想像している以上にさまざまな気配りをしてくれているものです。事務局が無用な選択肢に悩まないで済むよう、こちらも工夫をしましょう。

また、事務所内において共通する一定の処理事項（ファイルの綴り方やFAX送付の方法等、定形化可能な事項）は、ベテラン事務局長等の事務局にマニュアル化してもらうことも、業務の円滑化のうえでは一案でしょう。それぞれの出自が異なるパートナーが複数在籍するような事務所等では、個々の弁護士のやり方が微妙に異なることで、それに合わせるだけでも事務局に無用なストレスが生じている場合があるためです。

いずれにせよ、アソシエイト弁護士は言うなれば中間管理職。組織運営における自身の役割の重要性を自覚して、対外的だけでなく対内的な振る舞いも少し意識して仕事をしてみるだけで、大きな違いを生むでしょう。

ボス弁の視線

ボス弁と事務局のつなぎ役に

ボス弁としては、イソ弁には、事務局にとって親しみやすい弁護士であって、事務局からの要望を上手に吸い上げ、ボス弁に伝えることができるような存在になってほしいと期待しています。

事務局が「裏ボス」であるとしても、あくまでもボス弁に雇用される立場です。そのため、ボス弁に遠慮してしまい、ボス弁に改善してほしい点を伝えられなかったり、また、ボス弁の指示が十分に理解できなかったものの、理解できなかった自分に落ち度があると思って質問しづらかったりして困っていることがあります。そのような場面において、事務局と同じく雇われの身である一方で、ボス弁と同じく弁護士であるイソ弁が、その中間的な立場でつなぎ役をしてくれると非常に助かります。イソ弁には、そういう役割も期待しています。

例えば、戸籍の取得をお願いされた事務局が、複数の似た名前の関係者のうちの誰の戸籍をとればよいのかわからなくなってしまったものの、再度ボス弁に聞きづらくて困っている場面を想像してみてください。この場合に、イソ弁が法的な視点から判断し、「この場面では、この相続人の関係が問題となっているから、この人の戸籍が必要になると思うけど、そのように依頼されたのではないですか？」と記憶喚起をしてあげてみてください。それでも思い出せない場合は、聞き直してもらうしかありませんが、それで思い出せるのであれば、事務局にとっても気が楽で、その後の仕事の効率も下がることがないでしょう。

事務所の雰囲気づくり、ひいては、事務所の仕事の効率化のために、イソ弁にこのような役割を果たしてもらえるとボス弁としてはとてもありがたいものです。ぜひ事務所内の潤滑油のようなイソ弁になってもらいたいものです。

事務局への仕事の頼み方の工夫

事務局に仕事を頼むときは、事務局が仕事をしやすいように頼むべきです。指示語が多かったり、一般的でない法律用語が多かったりすると、事務局が何をすべきか理解できず、無駄に時間をとらせてしまったり、ミスが生じたりすることもあります。例えば、頼む事項が多い場合は、口頭でのお願いとともに、簡単なメモを渡すなどの工夫をすべきでしょう。

また、事務局の判断に委ねるような頼み方は避けるべきです。もちろん、経験豊富な事務局に教わるために意見を求めることは、推奨されるべきですが、単なる事務的な作業であるとしても、複数の選択肢が残った場合、事務局に選択を任せるのではなく、自分で選択しなければなりません。

弁護士の業務は、あくまでも、弁護士が依頼者から依頼されたものであり、弁護士の名前で行為が行われるものですから、弁護士が自分の責任で選択するべきです。また、法律の専門家ではない事務局に過度な精神的負担をかけることになりかねませんので、避けるべきです。例えば、急ぎではない書面をFAXで送るか郵送で送るかなど、事実的にも、法的にもまた戦略的にも差がないと思われる場合であっても、事務局には、その2つの手段に差があるのか否かの判断ができないこともあり得ます。そうなると、事務局は、その選択を迫られているというプレッシャーを与えられることになってしまうので、慎重な判断をしたり、自分なりに調べたりすることで、無駄な時間を使ってしまうことになります。大量の事務仕事を抱えているときなど、その時間のロスは、事務所全体の仕事の停滞を生じさせることすらあるので、避けるべきといえるでしょう。

事務局に従う形にならないように

事務局の立場を尊重しつつも、事務局に迎合する形にならないように注意してください。例えば、事務局が、自分の見解と異なる意見を持って、お願いした仕事に疑問を示した場合であっても、「法律的にこうなるので、こうしましょう」と言えるようにしておく必要があります。

事務局にイニシアティブを持たせる状況が恒常化してしまうと、事務局が弁護士の決定に従わないようになってしまう危険があります。弁護士の業務は、弁護士が責任を持って判断し、決定する必要があります。事務局は、どんなに優秀でもあくまでも弁護士の補助者にすぎませんので、その点は忘れないようにしてください。

ボスの奥の手

イソ弁時代に役立つというより、若手の皆さんが独立をされたりパートナーになられた後に役立つことも少しお伝えできればと思います。

Rule06のテーマは「事務局とのコミュニケーション」ですが、「事務局間のコミュニケーション」にも弁護士としては気を配りましょう。また、そのためには事務局内食事会の開催をサポートすることも考えられますが、その際には、「金は出すが口は出すな」という点に注意しましょう。

事務局には女性も男性もいらっしゃいますが、特に同性のチームになる場合には、事務局内でのコミュニケーション・ギャップや軋轢等が生ずることのないよう十分に配慮することが重要です。万が一、そうした問題が生じてしまうと、途端に事務所内の雰囲気がガラッと悪い方向に変わってしまいますし、業務に支障が生ずることもあります。

もちろん、個人間の相性の問題など調整が難しい場合もありますが、事務局間でコミュニケーションの場を持ってもらうよう、例えば事務局内食事会の開催を支援するということも考えられます。定期的に、かつ新たな事務局が入所したときはその度に、食事会を事務局だけで開催してもらうのです。私は、開催の費用はもちろん出したうえで、開催するお店などについて一切口を出さないようにしています。当然、参加は自粛しています。

お金を出すと、つい口も出したくなるものですが、そこはぐっと我慢して、弁護士がいない場での事務局間コミュニケーションを促すことの重要性も知っていただければと思います。

Rule

07 依頼者とのコミュニケーション

▸ 依頼者と仲良くなるな

――弁護士と依頼者は、友達関係ではないのだから、仲がよければよいということではない。あくまでも弁護士は弁護士、依頼者は依頼者。弁護士と依頼者という関係を踏まえたうえで、適切な信頼関係を築くことが必要である。

弁護士として働くにあたり、依頼者とどのようにコミュニケーションをとるかということは、最も重要な問題の１つといえます。ひと口に依頼者といっても、会社や個人、男性や女性、強気な方や弱気な方などさまざまな依頼者がいます。簡単にコミュニケーションをとれる依頼者ばかりではありません。依頼者とコミュニケーションが上手にとれていれば、スムーズに事件の解決を図ることもできるでしょう。逆に、依頼者とのコミュニケーションが上手にとれていない場合は、事件を処理するにあたり何かとストレスを感じることになります。最悪の場合、依頼者との間で訴訟などの深刻なトラブルに発展する可能性もあります。

法律構成や事実認定など事件の内容自体が難しい事件と、依頼者との意思疎通が難しい事件では、どちらが事件処理に困難を伴うか。そんな質問に対し、多くの先輩弁護士は、明らかに後者の方が困難を伴うと回答しています。

では、どのようなことに注意すれば、依頼者とうまくコミュニケーションがとれるのでしょうか。また、依頼者と上手にコミュニケーションをとるといっても、お友達のように「仲良し」になることがベストなのでしょうか。先輩弁護士の経験を参考にしながら、弁護士と依頼者との関係においては、どのようなコミュニケーションが望ましいのかについて考えてみましょう。

体験談1

大変な依頼者対応

弁護士9年目　男性／中規模事務所勤務

1人で抱え込まず、熱くなりすぎず

　依頼者は、相談時にはなんとかしてもらいたいと藁にもすがる思いですので、弁護士に対し敬意を持って接してくれますが、ひとたび依頼をすると、高いお金を払った以上、なんとかしてくれるだろう、貸したお金や出資金などは間違いなく回収できるであろうと、自分に都合のよいように思い込むものです。期待の大小の差こそあれ、依頼者が思い込むことは避けられません。相談時にこれでもかとインフォームドコンセントを行ったとしても同じです。期待した結果が得られないことが現実的になった場合、依頼者が豹変することも少なくありません。

　とある会社に対する金銭支払請求交渉事件での出来事をご紹介します。

　相手方の会社は営業を継続しているかわからない状態で、回収可能性はほとんどなかったため、その旨をよく説明したうえで着手金を低廉に設定し、依頼を受けました。

　交渉の末、なんとか分割払いの和解契約を締結するに至りましたが、案の定、支払いはすぐに滞りました。支払督促をしましたが執行対象目的物は不明です。依頼者に「もはやここまでか」という説明をしたとこ

ろ、「会社には行ってみたのか」、「社長の家には行ったのか」など、現地調査ならぬ自力救済を強要するようなことを言ってきます。それは弁護士としてはできない旨を説明すると、「あんたには真剣味が足りない」と始まりました。さすがにカチンときたので、「そうまで言うなら辞任する。着手金も全部返す」と言い返しましたが、「そんなことは望んでいない。もっと真剣にやれ」と辞めさせてくれません。ボス弁も巻き込みさまざま話をしましたが、結局、依頼は継続、社長宅の様子を見に行き、その報告をするなどしていたところ、突然「委任契約を解除する、全額返せ」と言ってきました。

教訓としては、こういう依頼者は「受任してはならない」というのが本音ですが、イソ弁にはその自由がありません。人間「貧すれば鈍する」ということを肝に銘じ、ホウ・レン・ソウ（報告・連絡・相談）を徹底し、懇切丁寧に何度でも説明をする、それしかないでしょう。また、人間関係は言葉１つ誤ると面倒なことになるのが常ですが、それが依頼者だとものすごく大変なことになります。一度崩れた信頼関係は二度と修復できません。あるいは、何倍にもなって跳ね返ってきます。私の体験においても、「カチンときた」際、何かを口走ってしまったのかもしれません。そうだとすれば依頼者は「豹変」ではなく、「当然の反応」を見せただけなのかもしれません。弁護士は、依頼者と接するにあたって、決して熱くなってはならないのです。

また、別の意味で対応が困難なケースとして、精神疾患を抱えていたりして、１日に大量のメールを送ってくる、日に何度も電話対応が必要になる、「死にたい」と連絡してくるような依頼者がいます。依頼者を完全に無碍にすることもできませんが、対応に終わりが見えないと弁護士の側が疲弊してしまいます。このタイプの依頼者に対する工夫として、私はできる限り返信を日中に行うようにしています。夜間は人間の思考が過激になりやすい傾向があるためです。また、初期段階からあえて返信のペースを遅くすることで、連絡頻度に関する依頼者の期待値を下げるよう努めることもあります。弁護士の提供サービスは法的分野が主であることを率直に伝え、カウンセリングについては別の専門家を頼ってもらうなども有効でしょう。依頼者を支援する「チーム」を構築することに注力し、自分１人で抱え込まないようにすることが重要です。このような工夫をすることで事件を投げ出さずに済むのであれば、長期的に見て依頼者の利益にもつながります。

体験談２

女性依頼者との距離感

弁護士３年目　男性／小規模事務所勤務

距離感には要注意！

男性弁護士が依頼者とのコミュニケーションで悩む点といえば、女性の依頼者との関係が挙げられると思います。

これをお読みになっている弁護士の方の中には、職場でのセクハラ疑惑に関する事件を扱ったことがある方もいるかもしれませんが、そのような危険は、われわれにもあるのです。むしろ、職業倫理や社会からの信頼との関係では、疑惑が生じた際の不利益の程度は、通常の場合よりもわれわれ弁護士の場合の方が大きいともいえるでしょう。

そこで、そのような疑惑が生じないように注意して行動することが望ましいといえます。例えば、私が事務所に入所したときに受けた注意事項として、「女性の依頼者の希望などによって、遅い時間に打合せをすることになった場合には、ほかの先生か事務局に残っていてもらうなどして、事務所に女性依頼者と２人きりにならないようにしなさい」というものがありました。

説明するまでもないかもしれませんが、女性に手を出してはいけないという注意にとどまらず、そもそも２人きりにならないように注意するというのは、万が一女性がセクハラに遭ったなどと主張してきた際に、きちんと証明できるような状態をつくっておくことが大切であるからです。

そこまでしなくても大丈夫なのではないかと思う方もいるかもしれません。しかし、その注意を受けた際に、ベテランの弁護士から聞いた話では、実際に過去にそういった冤罪でトラブルになった弁護士がいたということでしたので、現実的な危険だと考えた方がよいでしょう。

そのような場合以外にも、危険な場面は考えられます。例えば、弁護士倫理の話でもしばしば取り上げられることですが、弁護士は依頼者との男女の仲を疑われる行動も慎まなければなりません。その具体例と回避方法をお話しします。

離婚調停において、女性側の代理人をした際の話です。電話に出られないことが多いということでしたので、その女性とは、事実関係の確認などをメールでやり取りしていました。

最初の数か月は、その方法で問題なく済んでいたのですが、ある日、依頼者から「メールはあまり使わないので見落とす危険があるため、『○○○（とあるトークアプリ）』で連絡をとりたい」という希望を伝えられました。メールでの連絡は、事務所が用意してくれた職務上の連絡先を使っていたのですが、さすがに事務所もトークアプリのアカウントまでは用意していませんでしたので、この希望に応じるとなると、自分のプライベートのアカウントを使用して連絡をとることになってしまいます。

もちろん、依頼者は、単に連絡の確実性・迅速性を重視してトークアプリでの連絡を希望していただけなので、当然のことながら、そこに他意はなかったのでしょう。しかしながら、客観的に事実関係を捉えると、男性弁護士が女性の依頼者と職務上のメールで連絡がとれるにもかかわらず、あえてトークアプリのプライベートアカウントで連絡をとり合っていたという事実が存在してしまいます。このような事実があった場合に、社会がどう見るのかということを考えなくてはいけません。

もちろん、トークアプリの会話の全履歴を残しておけば、疑念を持っている人間に対して履歴を見せることで、やましい連絡がなかったことは証明できるかもしれません。しかし、疑念を持っている人間が不特定多数に及んでしまった場合、もはやその方法で疑念を払拭することはできません。SNSなどの発達した現代社会では、そのような危険が身近にあることは、今や説明を要しないでしょう。

そのため、事前の防御策として、そもそもトークアプリでの連絡を断ることが必要になってきます。しかしながら、これについても、依頼者とのコミュニケーションの観点から問題が生じ、ジレンマに陥る危険があります。すなわち、依頼者が特に何も思っていないのにもかかわらず、弁護士が勝手に惚れられていると誤解して拒否した（ひいては、「弁護士だからってモテるとか、思っちゃってるのかな？　痛い人だな」）と、依頼者に思われてしまうのではないかという問題です。便宜的に、「勘違い弁護士のジレンマ」と呼ぶことにします。

では、このような「勘違い弁護士のジレンマ」に陥らないためには、どう言って断ればよいでしょうか。

いろいろな手段があるとは思いますが、私が咄嗟に回答したのは、「書類の整理の観点からは、プリントアウトをすることができないと困るので、『○○○（トークアプリ）』ではなく、パソコンのメールでの連絡とさせてもらいたいです」というものでした。このような回答が正解といえるものであったのかは、いまだにわかりません。しかしながら、とりあえず合理的に聞こえる理由を付して回答できたので、及第点はもらえる回答であったのでないかと自負しています。

さて、そこまでは気にしなくてもよいのではないかと思った方もいるかもしれません。確かに、「勘違い弁護士のジレンマ」は少し冗談がすぎましたが、勘違い弁護士と思われないまでも、「信頼していたのに距離をとられた」や「余計なことを言って弁護士に嫌われたかも」などと気にしてしまう依頼者もいるかもしれません。特に、離婚訴訟などで憔悴している依頼者であれば、いろいろとネガティブな発想をしがちであり、負の連鎖に陥ってしまうかもしれません。

追い込まれた状態にある依頼者が少しでも安らげるようにする、依頼者の満足度を高めるといった観点からは、そのような配慮までできるような弁護士になりたいものです。

ボス弁の視線

弁護士と依頼者の関係

依頼者とのコミュニケーションのとり方については、先輩弁護士たちも日々苦心しているようですね。もともと依頼の内容を実現するのが難しいケースでは、十分な説明をすることは必須ですが、それでも、納得してもらえなければトラブルになってしまうこともあるでしょう。依頼者と接するときには、どんなときでも感情に任せて言葉を発してはならないということですね。

また、依頼者が異性である場合、特に注意が必要だというのも、そのとおりだと思います。気を遣いすぎて「勘違い」していると思われるダメージより、異性の依頼者との関係において何か不適切な行動をとっていたと疑われてトラブルになるダメージの方が深刻なものであることは明白です。

弁護士が依頼者と接するにあたり意識すべきことは、まず、依頼者の話をしっかり聞いて、丁寧かつ迅速に対応するということでしょう。思い込みで事実関係を決めつけたりすると、実は違っていた場合に、依頼者は「自分の話を聞いてくれていない」と不満を持つことになります。

また、依頼者に対しては、丁寧に接する必要があります。弁護士は、普通に接していても何だか偉そうだと思われがちな職業です。特に若手弁護士の場合は、そのように思われやすいでしょう。弁護士になったというだけで自分が偉くなったかのような勘違いをしている人も実際にいるのかもしれません。いつも以上に丁寧に接することを意識するのがよいと思います。

そして、依頼者への連絡はとにかく迅速に行うことが重要です。何か連絡をもらった場合には、とりあえず見ましたという内容でもかまわないので返事をしておくと、それだけでも依頼者は安心するはずです。

ところで、弁護士になって間がなく、それほど多くの依頼者に接していない段階では、依頼者の話を信用し、とにかく仲良くなろうとする方が多いのではないでしょうか。社会一般においては、人を信じ、仲良くなることはよいこととされていますが、弁護士と依頼者との関係では、必ずしもそうではないと思います。

まず、依頼者は、事実関係をありのままに教えてくれないということがしばしばあります。特に自分に不利な事情について、自分から語ってはくれません。あるいは、関係ないと思って言わないこともあるのかもしれません。全てを鵜呑みにせず、客観的な証拠などと照らし合わせつつ、話を聞くのがよいでしょう。隠されていた事実が後で出てきた場合に困るのは、依頼者自身なのです。依頼者を怒らせたくない、何だか気まずいなどという理由で、真実を追究することをやめてしまってはいけません。依頼者には、後になってこちらの主張と矛盾する事実が出てきたら非常に心証が悪くなるということを丁寧に説明することで、弁護士がしつこく事実関係を確認することを理解してもらいましょう。

また、依頼者は、弁護士に対しても、つい自分に都合がよいように記憶と異なることを述べてしまう場合もあります。依頼者が本来の記憶に従って事実関係を訂正したいと感じたときに訂正しやすいような雰囲気をつくる配慮も必要かもしれません。

もちろん、依頼者と楽しく話をするのはとてもよいことだと思います。たまに、事件以外の話題などでとても盛り上がったりして、信頼関係が深まったように感じることもあります。しかし、もし事件処理の結果が依頼者の望むものではなかった場合、その関係が壊れてしまうこともあり得ます。仲良くなったと思ったために気を許して、いろいろなことを話してしまうと、依頼者との関係が悪くなった後に、以前の話を引き合いに出されて責められたりすることもあり得ます。そのときには良好な関係でも、将来はどうなるかわかりません。仲良くなったとしても、友達と接するのと同じように内緒話などをさらけ出すことは決してしないように注意する必要があります。あくまで、弁護士と依頼者という立場を常に意識しておきましょう。

「仲良く」なってはいけないというと、何だか寂しいような気がしますが、これは、依頼者は友達とは違うという意味です。弁護士と依頼者という立場を踏まえたうえで、依頼者のために全力を尽くすことで相互に信頼関係を築いていければ、これが最もよい形だと思います。さらに付言すれば、信頼関係を築くためには、依頼者の（正当な）要望に応えられるよう、そして、依頼者から責められても、弁護士としてできるだけのことはやっていると胸を張って答えられるよう、日々、弁護士として研鑽を積むことが必要なのだと思います。

Rule
08
法曹関係者とのコミュニケーション

▸ “同業者たらし” になれ

――同業者は、仕事の悩みの相談相手となってくれることはもちろん、会話の中に業務に活かせる示唆に富んだ指摘が含まれていることも多い。さらには、多くの仕事やクライアントを紹介してくれる最高の紹介者になる可能性すらあるのである。同業者に信頼される弁護士を目指したいものである。

私たち弁護士にとって最大のライバルは同業者の弁護士ですが、同時に、最高の味方となるのも同業者といえます。友人あるいは先輩・後輩の弁護士は、飲み仲間としてともにストレス発散をしたり、ときには趣味が共通する同好の士として語り合ったり、よき相談相手として心強い存在となってくれたりするだけでなく、仕事やクライアントを紹介してくれる紹介者となったり、仕事の直接の依頼者となったりする場合もあるのです。

業務開拓をする場合には、とかく弁護士業界の外部にばかり目を向けてしまいがちなもの。確かに、弁護士以外の交友関係を広げることも有用ですが、足元＝同業者のネットワークの重要性や有効性も見直して、さまざまな場で交流を深めてみてはいかがでしょうか。

体験談1

勉強会への参加で交流を深める

弁護士３年目　男性／中規模事務所勤務

積極的に外の同業者、法曹関係者と関わるべき

私が心がけていたことは、将来を見据えて１年目から積極的にいろいろな集まりに顔を出し、事務所の外の同業者、法曹関係者と関わっていこうということです。

近年、事務所の形態によっては、「会派活動や委員会活動は最低限に控えなければいけない」、「個人事件をとってはいけない」というような条件で勤務弁護士を採用する事務所もあると聞きます。

確かに、事務所からお給料をもらっている中で、事務所の仕事をおろそかにして、あまりにも会派活動に精を出しすぎてしまうと、ボス弁から嫌な顔をされてしまうことは当然と言えるでしょう。ボス弁が会派等の活動を行わない方であれば、なおさらです。

ただ、事務所に籠もりきりになっていると、勤務形態がイソ弁からパートナーなどに変わるとか、退所して独立するような話になった際に、急に自分のお客さんを見つけることができるでしょうか？

先輩弁護士の話

私は、弁護士登録をした際に、先輩弁護士から次のような助言を受けたことがあります。

その先輩は、「ゆくゆくは仕事を引き継いでもらう」と言われて東京の事務所に入所したそうです。仕事内容は、法律相談はボス弁と同席する

ものの、実際の仕事はほとんど自分がやって、終結報告や打ち上げはボス弁と依頼者のみ、事務所の仕事の終業時間が決まっているわけでもなく、事務所の事件を深夜までやり続ける、会派活動や個人事件は原則禁止（原則といっても例外はなかったようです）だったそうです。

そのように、自分のお客さんを増やしていくわけでもなく、依頼者にとって「見えない」黒子の仕事を何年もやり続けた後で、事務所が若手弁護士を複数人雇うことになったとして、急に独立するよう求められたそうです。

ちょうど新司法試験によって弁護士が急激に増えた頃の話で、給料が安くて済む若手弁護士を大量に雇ったためでした。

その先輩は、登録したての私にその話をして、「自分のお客さんを増やしていくためにも、事務所の外に積極的に出て行った方がよい」と助言をしてくれました。

もちろん、入所した当時の口約束が絶対ではないですし、その先輩弁護士の能力に問題があったのかもしれません。

ただ、今の時代の弁護士は特に、たとえ勤務弁護士であるとしても、自身のキャリアプランをシビアに考えていかなければなりません。

どこでコミュニケーションをとればよいのか

大学、ロースクール、司法修習の同期で同じ地域で働いている弁護士がいるのであれば、１か月に１回集まって食事をするとか、持ち回りでそれぞれの事務所で交互に勉強会を開くのもよいでしょう。

私は、１か月に１回友人の弁護士たちと集まって、「判例時報を読む会」を行っていました。

日々の弁護士業務を行っていると、どうしても受験の際に覚えた判例知識から更新されないことから、新しい判例や、関連する議論の状況に触れる機会としていました。結局、その後の懇親会を楽しみにしているところもあるのですが、それでも毎月集まって１時間でも２時間でも勉強会を行うことには意味があります。

ほかには、同期の弁護士の話では、たまたま交通事故や、債務整理を専門に行っている事務所の弁護士や、刑事事件専門の弁護士、破産管財等を多く行っている事務所の弁護士がいたため、1か月に1回集まって、担当を決めて発表を行っていたようです。

弁護士会の研修等もありますが、わからない場合にすぐに質問ができる友人がいるというのは大きなメリットです。

交通事故や債務整理は誰でもできると思っているだけで、実際はどのように処理するかわかっていない場合もあるのではありませんか？

このように、法曹関係者とコミュニケーションをとっておくことは、自身の能力向上にとっても非常にメリットがあります。

今の時点でそのような知り合いがいない場合でも、弁護士会には、若手弁護士のための委員会や会派が存在しています。

事務所外に法曹関係者の知り合いがいるメリット

ほかにも、事務所の外に話をすることができる法曹関係者がいれば、案件処理について、守秘義務に抵触しないように、事案を抽象化したうえで相談することができます。ボス弁や兄弁・姉弁に相談すると、「そんなこともわからないのか？」と言われてしまいそうで聞きにくいことがあれば、なおさら、外部の法曹関係者に聞いてしまいましょう。

また、事務所外の法曹関係者と話すと、自身の境遇等を客観的に見ることができます。弁護士は、たとえ事務所の方針だとしても最終的には自分自身で責任を負担しなければならないことになるのですから、事務所の方針がおかしいかもしれないと思ったときは外部の法曹関係者の意見を確認したり、相談したりすることが必要です。

仕事につなげていくのであれば、深いつきあいを

他方で、仕事を増やしていくとはいっても、会合に顔を出してすぐに帰る、というのでは、ほかの弁護士もなかなか仕事を頼もうとは思わないものです。一緒に飲みに行ったり、スポーツ等のイベントに参加したりして、「知り合いの弁護士」という認識から、「いつも仲良くしている弁護士」という関係になってはじめて、「この仕事一緒にやってみない？」とか、「よかったら引き取ってくれない？」という話につながっていくように思います。

ただ、仕事がほしいという動機からほかの弁護士と深く付き合おうとするというのも考えものです。そんな考えでは、当然に深いつきあいには発展しないでしょうし、仕事を依頼されることもないでしょう。ここで言いたいのは、深いつきあいをするようになって、互いの気心が知れるようになると、結果として、仕事の紹介に発展することもあるということです。

弁護士以外の法曹関係者との関わり方

裁判官、検察官との懇親会があるようだったら、積極的に参加しましょう。仕事をこなしていくにつれて、どうしても「弁護士」の視点になってしまっていることから、ほかの法曹関係者の視点を学ぶことは、自身の成長において非常に重要なことだと思います。

私も、仕事の内容を直接聞くことはないにしても、ほかの法曹関係者との懇親会には積極的に参加してコミュニケーションをとっています。雑談をしている中でも、裁判官、検察官の仕事に対する考え方や視点等がうかがえるものです。

体験談 2

共同受任や弁護団の経験は宝

弁護士３年目　男性／中規模事務所勤務

同期の弁護士と鍛え合う

同期の弁護士は「最高の師」です。

２人で受任すると「苦悩は半分、喜びは２倍」となるような気がします。先輩弁護士には自然と「従う」というバイアスが働いてしまうし、後輩弁護士は（ときには遠慮して）必ずしも自分に本音を言ってくれているとは限りません。本音でぶつかり合えるのは、唯一同期の弁護士です。

弁護団で切磋琢磨

弁護団事件では、多様なキャリア、さまざまな期の弁護士が集まり、目標を定め、それに邁進していくことになるため、非常に勉強になります。弁護士といっても、それぞれ背景や経験が違いますし、事務所の形態も違います。普段扱う業務が異なっていれば、同じ事件でも見え方が大きく変わってきます。どの事件にも依頼者がいて、裁判官がいて、相手方がいますので、弁護団の事件処理の方針がどのように受け止められるのか、結果として、どのような事件処理を進めていくべきなのか、みんな真剣勝負で議論をすることになります。

弁護団会議後のお酒の席で、会議での発言の真意を聞いてみることも勉強になります。異なる意見であっても、深いレベルまで探れば合意できることもあります。そういった調整が天才的にうまい弁護士がいて、

「この人はすごいなあ」と尊敬しました。

また、弁護団事件では、ボス弁と一緒の事件と異なり、自身の意見をはっきりと言いやすいという側面もあります。無論、意見表明に際し礼儀は重要ですが、弁護団事件のチームは同じクライアントからの報酬を皆で分配する対等な仲であり、給料を払うボスと給料をもらうアソシエイトという関係性とは異なるからです。自分より遥かに期が上の先生方に対して自分の意見をぶつけてみるチャンスでもあります。もちろん、結果として誤りであったとか、より説得的な見解に潰されてしまうことも多々ありますが、こういった若手の姿勢が嫌われることはないですし、何より議論を生むことはチームに活力を与えます。

大きな事件で数年間大きなストレスを抱え続け、大きな成果を挙げてそのストレスから解放されれば、その弁護団は、年齢やキャリアを越え、生涯続く関係が形成されることと思います。

弁護団事件は、ボランティア的なものも多いですが、「経験の貯蓄」は何物にも代えがたい財産ですし、そういった経験を若いうちから積んでおく必要があります。例えば、証拠の出し方やタイミング、弁論準備期日における受答え１つをとっても、こんな考え方があるのかと気づかされることが多々あり、そのような経験値が徐々に自分の中に蓄積していきます。他事務所の弁護士の事件処理に関する考え方や書面の書き方等は、基本的に共同受任事件の中のOJTでしか学ぶ機会はありません。

とりわけ、個人事務所や所属弁護士が少ない事務所の勤務弁護士にとっては、スキルアップの絶好の機会になると考えます。

ただし、弁護団事件というものはとかく、若手弁護士に起案や各種根回しの負担が偏ってしまいやすいものでもあります。期が上の先生方の中にうまく負担を分配してくれる調整役の先生がいればよいのですが、皆当然に日常業務が忙しいですし、結果として自然に負担が偏っていることも多いです。若手として積極的に働き、多くのことを吸収しようという姿勢を持つことは当然ですが、その姿勢を前提に、負担過多な際はきちんと自ら声を挙げることも重要です。自分自身も弁護団の対等なメンバーであることはもちろん、長く関わることで多くのものを得られる弁護団事件が、すぐに負担ばかりの嫌なものになってしまってはもったいないからです。
逆に自分自身がチームで中堅以上の期の弁護士になった時には、若手に対してそういった配慮や調整ができる弁護士になりたいものですね。

委員会・会派で仲良く

テーマは何であっても構わないのですが、どんな活動でも、それを数年間続けていると、そのメンバー間での連帯が深まり、いつの間にか、何物にも代えがたい友情や安らぎが芽生えてきます。そして、その活動が共通の興味・関心に根差した活動であればなおさらです。
私自身、委員会にも会派にも、両方に顔を出しており、いずれも比較的活動が活発な団体なのですが、その中で知り合った先生方とは、真剣な議論もできますし、他方で飲み会や合宿のような砕けた場での交流もでき、とても近しい関係を築けていると思います。信頼でき、何でも相談しやすい関係を持つ同業者が事務所外にいることは、弁護士としてのバランス感覚の面でも、自身の精神衛生の面でも、とても重要なことではないでしょうか。

裁判所に対しては「忍」

裁判所の対応については、少し理不尽だなあと思っても、裁判官、書記官、事務官には「忍」で、のちのちに挽回の機会をうかがうことにしています。裁判官も人ですから、感情があります。
裁判官と喧嘩をしても、仕方がありません。弁護士が法曹当事者の１人として、事件の見立てについて、裁判所に遠慮することなく、はっきりと意見を述べることは必要ですが、無用な喧嘩をする必要はありません。

裁判所では、裁判官だけではなく、裁判所書記官も弁護士の対応を注視しています。同じ司法の世界でそれぞれの役割を果たしている方々にも失礼がないように振る舞うようにしています。

冠婚葬祭

冠婚葬祭にはきちんと対応しましょう。お通夜は、どんな格好でもよいので、黒いネクタイを買って行きましょう。

また、事務所の開所は、その弁護士にとっては人生の一大イベントですから、できる限りお花を贈るようにしています。贈るものとしては、いわゆる「消え物」(お花、お酒など) がよいと思います。もらい手からすれば、たとえ趣味の合わないものでも事務所のお祝いとしいていただいたものである以上捨てることができません。胡蝶蘭が重用されるのも理由のあることかもしれません。

私自身、転職の際に、お世話になっている先生から転職先事務所に宛て、立派な胡蝶蘭をいただいたことがありますが、とても感動しましたし、こういった恩義は一生忘れないものです。

体験談 3

裁判所・検察とのコミュニケーション

弁護士５年目　女性／中規模事務所勤務

弁護士として仕事をする中で、裁判所や検察官と関わる機会も多いでしょう。それぞれの立場を踏まえて、相互の視点を意識できると業務にもよい影響があるかもしれません。

裁判所

裁判所というと裁判官のイメージが強いですが、実際上最もやり取りする機会が多いのは、裁判所書記官ではないでしょうか。書記官とよい関係性を築いておけると、イレギュラーな手続の際に丁寧に指導をしてもらえたり、相続案件等多数の当事者（場合によっては代理人がいない本人多数）が関わる場合に、スムーズに手続を進めることができます。私が心がけていることとしては、書記官と当事者のどちらでもできそうな事務については、なるべくこちら側で引き取るようにすることです。お互い気持ちよく仕事をすることができれば、自ずと信頼関係が構築されるように思います。

裁判官と業務外で雑談をしていると、弁護士との視点の違いを感じることがあります。われわれは法律家でありながら、どうしても「人」の側面から事件を見てしまいがちですが、裁判官は「条文」を拠り所に、何を判断しなければならないかを絞り込み、各手続の根拠を確認します。弁護士の側としてすべきことは、裁判官が判決を書くために欠けている要素を埋めていく作業です。対依頼者との関係では、裁判所に「伝えたいことを伝える」のですが、対裁判所との関係では「求める判決から逆算する」必要があります。和解狙いの事件については、「判決を書かなくて済むようにする」という裁判官との共通目標ができるので、目一杯協働しましょう。

また、多くの弁護士が裁判所との関係で工夫しているのは、異動時期を意識することではないでしょうか。裁判官も異動時期直前にはなるべく事件数を処理しようと思うのか小刻みに和解期日を入れてくれ、和解が成立しやすいように思います。行政事件などでは担当裁判官の経歴を検索して戦略を練ったり、弁論更新を利用して意見陳述の機会を設けてもらったりといった工夫もします。

検察

検察との関係で意識しなければならないのは、「決裁」の存在です。手続的な交渉を行う場合、その手続に決裁が必要なのか把握しておく必要があります。検察官も自分の一存で決められる事項であれば多少融通を効かせてくれますが、決裁が必要となると内容面のほか、時間的猶予も問題となってきます。

刑事事件ではどうしても検察官と対立的になりがちですが、手続をスムーズに進めるという意味では利益が一致しますし、福祉的な手当が必要な認め事件など、検察官と協力すべき場面も多数あります。なお、たまに被害者側の代理人をすると、真の意味で協働でき、決裁の内容など手続の内情を垣間見ることもできます。

また、ヤメ検弁護士の意見を聞くと、身柄拘束による影響の大きさや、当事者がアクセスできる記録の狭さ等について、弁護士になってはじめて理解したという声が多いように思います。立場が違うからこそ見えていないものもあるので、伝える努力は惜しまないようにしたいものです。

大規模庁と小規模庁

私は地方修習を経験して現在東京で仕事をしていますが、三庁の関係性は小規模庁と大規模庁で全く違い驚きました。小規模庁ではよくも悪くも、裁判官も検察官も弁護士もほぼ顔見知りになります。裁判官も人間ですから、ある事件で信頼を失えば、別の事件でも「どうせこの弁護士はダメだろう」という先入観が働きますし、その逆も然りです。弁護士側も、忌避申立等したらその後の係属事件がどうなるかと考えてしまう側面はあると思います。一方協働方向の事件は大規模庁より格段に進めやすいでしょう。

東京地方裁判所では、分野専門のブティック事務所でなければなおさら、同じ担当裁判官にあたる機会は少ないです。捜査・公判が分かれている分１人の検察官と接する時間も短いでしょう。裁判所や検察庁側では弁護士に関する情報共有がなされているのでしょうが、弁護士側からすると各裁判官・検察官の人柄や傾向など知る由もない一期一会状態です。情報量の差を埋めるには、日頃から同業者との情報交換を行うことが有益です。

ボス弁の視線

同業者に認められることは、一流の証

弁護士の世界に限ったことではありませんが、同業者に認められてこそ一流とはよく言ったものです。同業者だからこそさまざまなことが見える（見えてしまう）わけですし、どうしても「自分だったらこうするのに……」と比較して厳しい目で見てしまうものです。そうした厳しい目を潜り抜けて同業者に認められるというのは、仕事が一定水準以上にあると認められたり、人間性が見込まれたりしたことの証左でもあります。

体験談の中では、同業者とコミュニケーションを深める場として、勉強会、弁護団、委員会や会派等を利用する例が紹介されていました。一見すると遠回りのようでも、そうした場において、地道に役割をこなしていくことが信頼を勝ち得るための近道といえるのかもしれませんね。

あとは、日頃から自分がやっている仕事のことを話していると、業務の経験や得意分野が周囲にも伝わるので、似たような案件が来た場合に、「あの弁護士はこういう案件が得意だったはず。ならば、あの弁護士に頼もう」となることもあるでしょう。

もちろん、食事や飲む機会をともにして、近しい関係になっておくことは大前提です。

弁護士から少し範囲を広げて、裁判官や検察官の仲間を持っておくこ

とも重要かと思います。それぞれの立場からの視点を聞くと、弁護士の視点からは気づかなかったことに思い当たることも多く、大変重要な示唆が得られます。その意味でも、司法修習で得た裁判官や検察官の仲間は大切にしましょう。

私の最近の実例を挙げると、担当することになった少年事件について、家裁で少年部にいたことのある司法修習同期の裁判官に相談したところ、裁判官や調査官とのカンファレンスや調査官との面談において裁判所が重視する視点等につき、有益な助言を得ることができたという経験がありました。

裁判官や検察官も、弁護士サイドの視点を知りたがったりするものです。こちらも弁護士視点を提供しながら、裁判官や検察官といったほかの法曹当事者の視点も聞き、案件処理にそうした視点をうまく取り入れて活用することができれば、きっと結果に結びつくのではないでしょうか。

ボスの奥の手

事務所を移籍したり独立したりした場合には、前所属事務所との関係が疎遠になってしまう人も多いようですが、友好的な関係を維持した方が業務開拓等の点でメリットが大きいと感じます。できる限り関係性を保つよう心がけましょう（喧嘩別れした場合にはなかなか難しいでしょうが……）。

私は、イソ弁時代を過ごした大手の企業法務系事務所から独立して数年経ちましたが、今でも年に１、２件くらいは以前の事務所から仕事の紹介を受けています。コンフリクト・チェックに引っ掛かり、事務所内で受けられない案件が一定数あるため、そうした案件を独立した私のところに回してくれているのです。また、それとは反対に、私の事務所ではマンパワー的に厳しい案件などを以前の所属事務所に紹介したり、手が足りなくてできない案件を私の事務所から独立していった弁護士に紹介したりすることもあります。

　地道な方法ではありますが、年賀状など季節の挨拶状や御中元・御歳暮を贈ったりするなどして、定期的に名前を思い出してもらうようにするといった心配りも効果があると思います。

□ 東京弁護士会の会内会派

東京弁護士会には、法曹親和会、法友会、期成会、水曜会の４つの会派がある。会員数としては法友会が最も多く、法曹親和会、期成会の順となっている。2021年４月現在、東京弁護士会8,807人のうち、法友会約2,700名、法曹親和会約2,000名、期成会約700名とされている。水曜会は、会員数を公表していない。

法友会、法曹親和会は、さらに内部で会派が分かれている（法友会７部と９部は現在はない）。

弁護士会は、それなりに会派の存在を前提としつつ運営されている面がある。

また、法曹親和会、法友会にはそれぞれ、登録15年までの若手会員で構成する「全期会」がある。もともと全期会は、戦後、「○期」と称する司法研修所の卒業生（それ以前の弁護士は高等文官試験合格者が中心であり、司法研修所制度もなかったため、「期前」と呼ばれている）が新しく若手の団体をつくり、「全期会」と称したのが始まりだが、若手の団体も年を重ねていくうちに「若手」という共通項を失うこととなったため、弁護士登録15年までの者のみとする定年制を採用した「“新生”全期会」が発足し、現在に至っている。

なお、期成会にも最近発足した「若手の会」があるが、期成会の若手の会は、登録10年までである（大阪弁護士会の若手の会も概ね登録10年までである）。

親和全期会は、1981年発足で、2021年に創立40周年を迎えた。会員数は、現在約1,000名以上である。

もっとも最近は、無派閥と呼ばれる会派に属していない会員も増え、その数も約3,300名といわれる。

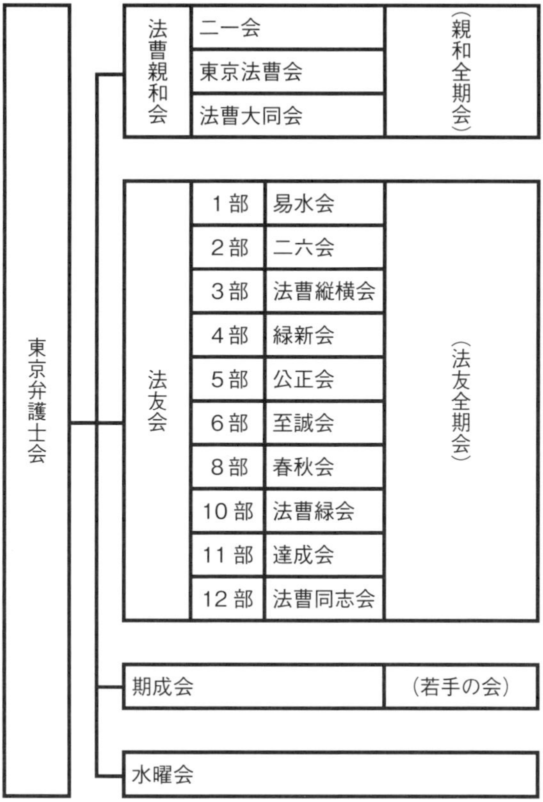

(親和全期会「OYD2021(お役立ちBOOK)(第11版)」より抜粋し、一部修正)

Rule

09

健康・メンタル管理

クライアントだけでなく自分や事務所の人たちも大事

――弁護士の業務は、肉体的にも精神的にも相当にハードなもの。心身の健康を維持するためには、日頃から健康・メンタルの管理が必要である。仕事に没頭するあまりに自分の体調を崩しては元も子もない。自分の身体は自分で守らなければならない。また、時には、自分だけでなく、同じ事務所の弁護士や事務員等の健康にも気を遣う必要がある。

弁護士の仕事は、依頼者の人生の分岐点となるようなトラブルの解決に携わったり、ドロドロに険悪化した夫婦間や相続人間の問題解決に取り組んだり、ストレスの坩《る》堝《つぼ》に飛び込み、なんとか法的解決に導く仕事でもあります。また、どんなに一生懸命に案件に取り組んでも、思いどおりの解決が図れないこともあります。

一方で、夜遅くまでの業務に加え、依頼者との会食や委員会活動や会派活動などで、夜遅くの飲食や寝不足が続くことも少なくありません。

このように、弁護士業はやりがいが大きい反面、それに伴う精神的な負担や体力的な負担も大きいものです。日々積もり積もる精神的負担や体力的な負担を放置すれば、心を病んでしまったり、肝臓疾患や糖尿病などの生活習慣病にかかったりするケースもあります。2020年から新型コロナウイルスが世界的に大流行しましたが、特効薬がない中で、一番の対処法は精神的・肉体的にも健康を心がけ、自己免疫力を高めておくことだといわれていました。

できるだけ長く弁護士の仕事を続けるためにも、先輩弁護士たちから、メンタル管理・健康管理のコツを教わりましょう。

また、新型コロナウイルスの流行の中では、自分だけでなく、事務所の構成員全員の健康についても気を遣わなければならず、各法律事務所では、弁護士・事務員等の健康を守るためにさまざまな対策が講じられました。

新型コロナウイルスが流行する中において、どのような対策がなされたのか、またその課題についても、先輩弁護士に聞いてみましょう。

体験談１

メンタルケアの重要性

弁護士８年目　男性／小規模事務所勤務

メンタルの不調はいつ起こるかわからない

私の期に近い弁護士が事件放置で懲戒処分を受けていました。聞いた話によると、メンタルの不調で仕事が十分にできずに事件が滞留し、事件放置につながってしまったようです。

誰かに相談できていれば回避できたのではないかと考える人もいるかもしれませんが、周囲に自分の弱みを見せることは難しいので、私も同じような状態になっていないとも限らないと不安になります。

だからこそ、最初の段階でどのように対応するかをあらかじめ考えておくことが大事だと思います。

人それぞれストレス耐性は違う？

私自身も悩ましい事件の依頼者対応に神経を遣って、体調が芳しくない時期がありました。

私選の刑事事件の依頼者が、私が話した内容を異なった解釈で理解することが多く、次に会うときには、私が言っていないことで、「この前の話と違う、どうなっているんだ」と依頼者に言われていました。まだ刑事弁護の経験が浅かったので、私の説明の仕方が悪いのではと思い、何度も説明を繰り返していました。念のため、記録化する等の自己防衛手段をとっていましたが、精神的にきつい状態でした。

眠りにつきにくく、寝たとしても眠りが浅いためすぐ起きてしまうという日が続きました。土日も他の仕事をやらないといけないと思いつつ、体が重くて家から出られない日もあるという状況でした。

今思えば、メンタルケアが必要な状況であったと思います。結果的には、他県への移送を理由に辞任ということで事件自体は終了し（終了するタイミングもかなり神経を遣いました）、その後特に依頼者からクレーム等はなかったので、上述の状態を脱することができました。

当時、先輩弁護士に相談はしていましたが、今考えれば、早めの辞任や、お願いしてでも共同受任をしてもらう等の対応をすべきでした。ただ、その時は相談することで精いっぱいでした。

私は上述のことを１つの経験として、次に同じ状況になったときにはちゃんと対応できるようにしようと思っていますが、その前にストレスで体調を崩してしまっていた可能性も考えると、やはり初期の段階で、場合によってはメンタルクリニックに行っておくという選択肢も必要かと思います。

日弁連や各弁護士会からの情報発信をキャッチアップ

私は、弁護士会の委員会活動をしていたときに、メンタルヘルスの話題になり、日弁連が発刊している、「弁護士のためのメンタルヘルスガイダンスブック」の存在を知りました。この冊子には、チェック形式で心の不調やストレスを確認できる記載があり、参考になります。

各弁護士会も会員のメンタルヘルスに関する情報発信を行っているようなので、ご自身が所属する弁護士会のホームページを確認してみてください。

日弁連でのメンタルヘルスケアの研修も！

日弁連の研修総合サイトでは、2021年５月から「弁護士のためのメンタルヘルスケア～こころ軽やかヒント集～」という研修が配信されています。

これまではこのような研修はなかったようですが、やはり日弁連としても会員のメンタルヘルスケアについては重要視しているようですので、一度受講してみてもよいと思います。

体験談２

肝臓を守ることが肝腎

弁護士３年目　男性／小規模事務所勤務

仕事はほしいけど、身体も大切に

「飲み会で仕事を獲得する」というのは今や昔と思われがちですが、なかなかどうして、弁護士業界は飲み会が付き物です。

クライアントと飲み会、事務所で飲み会、委員会で飲み会、会派で飲み会、学生時代の友人と飲み会、同期で飲み会……忘年会シーズンになると、２、３週間飲み会続きという人もいるほど、とかくイベントの後に飲み会があります。

深いつきあいをしていくことを考えると、どうしても打合せだけで失礼することは難しく、飲み会にも参加することになりそうです。

また、若い世代の弁護士であれば、お酒の勧めがあった場合に断りにくいこともあるのではないでしょうか？

ただ、これからの長い弁護士人生、身体を壊してしまっては元も子もありません。

私は、大学時代からわりと飲みすぎていたのですが、弁護士になって２年目にして「肝機能障害」と言われてしまいました。

以下、戒めを込めて、体験談をお話しします。

肝臓の数値に気を付けよう

そもそも、肝臓の数値の中で注視しなければならないのはALT(GPT)・AST(GOT) とγ-GTPの数値です。

血液検査で「H」や「高い」と判定されている方は、食生活の改善が必要です。

肝臓の主な働きは、簡単に言うと「解毒」です。アルコールや薬、老廃物などの有害な物質を分解し、身体に影響を及ぼさないように無毒化するという役割です。

したがって、肝臓が悪くなってしまうと、肝臓のアルコール分解が遅くなり、疲れやすくなったり、お酒を飲んだ際に悪酔いをしやすくなったりしてしまいます。

肝臓を悪くするのはお酒だけではない

よく食べ、よく飲む、炭水化物大好きという方は、お酒だけでなく、炭水化物のとりすぎの可能性があります。

ご飯や麺類は大盛りで食べる、という方は、お酒を飲まない人でも肝機能障害になることがあります。NASH(非アルコール性脂肪肝炎)というものです。

その他、女性の場合には、見かけは太っていなくても栄養バランスが崩れていることによって、NASHになっている場合もあります。

肝臓は「沈黙の臓器」と呼ばれており、本当に悪くなるまで自覚症状が出ません。普段から気を付けることが大事です。

運動量の変化

ほかに気を付けなければならない点として、学生時代と比べた運動量の変化があります。私自身も、学生時代にはスポーツを盛んにしていたことから、その頃は若くて身体の代謝もよく、食事に関しては大盛りで食べたりしても問題なかったと思います。

また、司法修習時代も同期とスポーツをしたり、自転車で通っていたりしたことから、それほど問題にはなりませんでした。

しかし、弁護士になってからは、仕事の大半は座ってばかりです。歩くのは電車に乗るまでの移動の間だけという日もありました。

こうなってしまうと、どうしても摂取カロリーが過大になってしまい、肥満になってしまいます。

食事の時間、飲む時間の変化

また、食事の時間、お酒を飲む時間も学生時代とは変わってきています。昔は、夕方は６時過ぎくらいから飲むことができていましたが、弁護士になってからは、どうしても遅くなってしまいます。

また、仕事をしている日には、つい仕事に集中してしまって、帰ってから食事をつくって食べることになるのですが、食べたらすぐに就寝することになってしまいます。非常に健康に悪いことを続けています。

飲み会で揚げ物とか〆のご飯を食べているのに、その後に２次会、３次会と行った後は小腹が空いて再度〆の炭水化物を食べてしまっています。

わかってはいるのですが、なかなか改善が難しいですね。

二日酔いにならないために

ここからは、私が飲酒する際に最近気を付けていることについてお話します。

二日酔いにならないために気を付けていることは、シジミやウコン、肝臓水解物といったいわゆる「肝臓によいといわれているもの」を飲むということです。また、強いお酒を飲む際には、水を同量程度飲むということにも気を付けています。

水を途中で頼むことは「負け」ではありません。健康を害して周りの人を悲しませてしまうことが「負け」なのです。

お酒を飲むスピードに気を付ける

また、お酒を飲むスピードにも気を付けています。飲みすぎる人は、１杯を飲むスピードが速いことが多いです。お通しが来る前に１杯目を飲み干してしまうようでは、黄色信号です。

飲む種類にも注意する

最近は、ビール、日本酒よりも焼酎、ウイスキーを飲むように心がけています。本当は日本酒が好きなのですが、毎日飲みすぎるのはよくないので、我慢が必要です。

意識の改善

最後に、一番重要なのは結局、意識の改善です。

「飲み会で潰れるまで飲んではいけない」ということは当たり前（近年ようやく理解しましたが）であるとしても、最近は、自分がどの程度飲んだら酔うのか把握したうえで、「そもそも酔わないように飲む」という飲み会も入れるようにしています。

昔からは考えられないことですが、健康を考えると重要なことだと思っています。

体験談3

健康は歩いてこない、
だから2駅前で降りて歩いて行くんだよ

弁護士10年目　男性／小規模事務所パートナー

健康管理の習慣化

弁護士になって1年もしないうちに、私は、弁護士の「業」ともいえる不規則な生活、運動不足、暴飲暴食がたたり、すっかりメタボ体型に

なってしまいました。最初は、「メタボはバリバリ仕事をこなす弁護士の勲章だ。やせている弁護士は仕事がない負け犬弁護士だ〜！」と強がっていました。しかし、ある日弁護士会のエレベーターに乗ると、みっともなくたるんだ体型の弁護士が乗っており、よく見るとそれは、鏡に映った自分でした。とてもショックでした。一番評価が甘い自分が見てもこんなに醜く見えるのですから、他人が見たらいかばかりか、想像することも嫌になりました。

そこで一念発起して健康的な生活を送ろうと決意しました。しかし、悲しいかな、イソ弁は仕事量を調整したり、定期的にジムに通って運動するといった自由が（お金も）認められる身分ではありません。

そこで、仕事をしながらでも無理せずにできることとして考えたのが次の３つのことでした。

❶朝、家を出る時間を早くして、２駅前で降りて歩く

２駅前で降りて歩くと20分ちょっとかかりますので、ちょうどよい運動になります。私は東京メトロを利用しているのですが、東京メトロの地下道はけっこうつながっていて、普段は地上を歩いていますが、雨の日や夏の暑い日、冬の寒い日等は地下道を歩けますので、意思さえしっかりしていれば、天候に左右されずに歩き続けられます。

❷朝食に、必ず野菜又は野菜ジュースとヨーグルトをとる

それまでは朝昼晩と好きなものを好きなだけ食べ、食べたくないときは朝食を抜くような食生活をしていました。しかし、朝食をしっかりとることと、しかも野菜や乳製品をしっかりとることが重要であると聞きましたので、朝食は欠かさずにとることとしました。野菜はとれないこともあるのでそのときは野菜ジュース（１日分がとれると銘打ったもの）で代用する、とハードルをちょっと下げ、ヨーグルトも固形、液体を問わないこととしました。

❸20時以降は食べない

前述のとおり、それまではいつであろうが、好きなものを好きなだけ食べる生活（しかも大食いを自慢にしていました）を送っていましたが、健康的な生活をするには寝る３時間前以降は食べ物を口にしない、ということを聞きました。そこで、寝る時間はコントロールするのが難しいので、思い切って20時以降は食べないことにしました。

そうすると、例えば夜のクライアントとの打合せ後の食事の誘いを断らざるを得ないときもあります。でも、そこは「クライアントより自分が大事」と考えて、断るようにしました。確かに、クライアントとの関係を深めるためにはお酒が入る夜の会食に付き合うのが重要であるとは思いましたが、不健康な生活を続けて、突然倒れてしまう、そこまで極端にならずとも病気をしてしまって仕事ができなくなってしまう、となれば、かえってクライアントに迷惑をかけてしまいます。

自分の健康をクライアントよりも大切に考えているように見えますが、実は自分の健康を大切にすることが仕事をしっかりとすることにつながり、クライアントのことを大切に考えていることになると思います。

以上の３点を実践することは、最初は正直つらかったです。しかし、そのつらい時期を乗り越えてルーティンになってくると、毎日行う儀式のようになり、何やかやいってすでに８年以上続いています。パートナーとなって時間を自分で自由に調整できる今では、これらに加え、週１回以上皇居ランもするようになっています。その結果、花粉症以外の病気にかかることもなく、メタボ認定もされなくなりました。弁護士会のエレベーターに乗れば、「引き締まった、いかにもできそうな男が乗っているな～。あ、な～んだ自分か～」とビックリするときもあります（嘘です）。

運動不足の解消というと、すぐにジムに通ったりジョギングをしたりしなければならない（最近では高額のお金を払って結果にコミットする業者に頼る方もいるかもしれません）と思いがちですが、それは自分に対して高いハードルを課すことになるだけで、決して続かないと思います。ですので、まずは自宅を出る時間をいつもより20分だけ早くして１

駅前で降りて歩くとか、高層階に事務所がある方はエレベーターを使わずに階段を上るといった簡単なことから始めた方が、長続きすると思います。

体験談4

事務所全体の健康と業務調整（コロナ禍対応）

弁護士5年目　女性／中規模事務所勤務

令和2年4月、新型コロナウイルスの流行により緊急事態宣言が発出され、裁判期日が約2か月停止するという異例の事態となりました。特効薬のない未曾有のパンデミックの中で、各法律事務所は所属弁護士・事務員・その他構成員の命と健康を守るための対応検討を余儀なくされました。大企業は次々に完全リモートワークへの移行を進めましたが、中規模・小規模事業者が多数を占めアナログな書類仕事の多い弁護士業界では、IT化等の技術面、体力（資金面）、人的リソースの問題に直面しました。通常業務をなんとか回しながら、構成員の健康を守るために、各事務所が工夫を重ねたものと思います。私の所属事務所でとった対策を参考までにご紹介します。

チーム組成

まずは事務所内にコロナ対応チームを組成し、当面の事務体制や緊急対応、所内マニュアル・ガイドラインをまとめたアクセス制限付の所内サイトを立ち上げました。濃厚接触者・感染者が発生した場合の一次・二次消毒や保健所への連絡、顧客への連絡フロー等を事前にマニュアル化してまとめ、全員当該サイトをこまめにチェックするよう周知しました。

事務局体制

緊急事態宣言発出後２か月程度は事務局を週１回出勤とし、事務局に依頼できる事項（リモートでできる作業）を限定列挙し、それ以外の事務作業は極力弁護士が自分で行うこととしました。毎日出ていた霞が関への外回りも週１回としました。

当面リモートワークができるよう、事務局全員分の自宅用PC、ポケットWi-Fi、ヘッドセットを事務所から支給しました。

自分の事務作業をほぼ全て自分でやるのは正直結構な負担でしたが、スタッフの健康を守ることが最優先と方針決定しました。令和２年６月からは事務局を半数ずつ出勤とし、外回りの頻度も以降段階的に戻しました。

IT・リモートワーク関連

幸いなことに、コロナ禍前からZoomを日常的に使用していたため、事務職員含め会議や打合せをオンラインで行うことには慣れていました。また、たまたまG Suiteを直前導入しており、Google Meetの利用や端末紛失時に備えた中央制御ができるようになっていました。

さらにできる限りリモートワークに切り替える方針とし、電話・

FAX・郵便周りのシステムを追加導入しました（導入したツールや体制についてはRule16の体験談３参照）。顧客との打合せも原則テレビ会議に切り替えました。

コロナ禍の冒頭、私の所属事務所の代表は「最も強い者が生き残るのではなく、最も賢い者が生き延びるのでもない。唯一、生き残るのは変化できる者である」というダーウィンの進化論を掲げましたが、健康面でも経営面でも生き残るために、まさにドラスティックな改革が求められた１年でした。

これを機にということで、決済までクレジットカードで完結するオンライン法律相談の受付も開始しました。手軽なためかキャンセルが生じやすい面はありますが、遠方の相談者も多く、事務所を知ってもらうよい機会になったように思います。

レイアウト等

アクリル板を設置し、最も大きな会議室を潰して執務スペースを広げ、全員が１メートル以上あけて着席できるようにしました。共用スペースは利用人数制限をし、事務所内で食事をする場合は各自のデスクですることにしました。

リモートでの会議が増えたことに伴い、これまで無線LANを主軸にしていましたが、全相談室に有線LANも整備しました。

相談室を使用した後は、都度部屋を消毒することにしています。温冷蔵庫を導入し、来客時にはお茶をペットボトルで出すようにしました。

衛生用品等

事務所の入っているビルの入口には検温モニターが設置されました。ビル入口の他に事務所入口にも消毒液を設置し、スタッフ用の不織布マスクも常備しました。現在は、事務所内にPCR検査キットと抗原検査キットを一定数常備しており、各人が名前を書いて持っていけるようにしています。

事務局が外部でPCR検査を受ける際には事務所で実費費用負担をし、ワクチン接種時は就業時間扱い、副反応による就業困難時には特別有給休暇の取得を認めています。

このようなコロナ禍対応、特にリモートワーク体制の整備は、結果的に産休明けの時短勤務職員の仕事復帰にも役立ちました。

コロナ禍で裁判手続のIT化に関する議論が進み、テレビ会議システムの利用を渋っていた大先輩方の意識も大きく変わったように思います。従前であれば委員会の会議をZoomで行うことなど実現できなかったでしょう。削減された移動時間を別の起案や休息に充てることができるようになりました。

利用できるツールを臆せず導入することで、各自の健康維持に役立てることができると思います。

残された課題：コミュニケーション

リモートでの業務は各人の疾病罹患リスクを減らし、効率的に時間を使うことができます。しかしながら、テレビ会議では順番に発言する必要がありますし、現場作業よりもコミュニケーションが不足する面があります。会議だけでなく懇親の機会も設けるなどして、意識的にコミュニケーションの機会を増やし、心の健康にも気を配っていく必要があると感じました。

ボス弁の視線

メンタル管理・健康管理も仕事のうち

弁護士を続けるうえで避けては通れないのが、精神的・肉体的なストレスです。これらのストレスとうまく付き合うことも、立派な弁護士の仕事のうちといえるでしょう。

メンタル管理

弁護士のメンタルを大きく揺さぶることとなる最大の原因は、事件処理に伴うトラブルです。メンタル管理のためには、弁護士を精神的に追い込むこととなるような大きなトラブルを発生させないことが重要です。そして、大きなトラブルの発生を防止するためには、事前防止策を講じておくことが、大切となります。

最大の事前防止策は、日頃から、丁寧に事件処理を行うことです。

特に、依頼者との間では、事件受任前の法律相談の段階から、丁寧に話を聞き、事件の見通しについて、プラスとマイナスの両面をきちんと説明することが必須です。また、事件受任時においては、着手金や報酬に関する説明をきちんと行い、納得を得たうえで受任契約を締結すること。また、事件処理の過程においては、十分に依頼者の話を聞き、まめに経過報告を行うことで、依頼者の不安や疑念が払拭されることが多いです。特に依頼者は、担当弁護士が高額な着手金や報酬額に見合った仕事をしてくれるのかどうか、こちらが想像する以上に不安に思っていますし、法律の専門家には発想できないような、思い込みや自分勝手な主張をしてくることもあります。そのような依頼者に対しても、きちんと事実のプラスとマイナスの両面から地道な説明を行っていくことが必要です。このような地道な過程を経ることで、仮に依頼者の希望に沿わない結果となった場合にも、怒りの矛先が担当弁護士に向かうことを防いでくれると思います。

しかし、このような事前防止策をとっていたとしても、依頼者との間でトラブルに発展してしまうこともあります。そのような場合には、トラブルの解消に向け、最善の努力をし、そのために必要な反省は十分にする必要がありますが、十分に反省した後は、割り切って頭を切り替えることも必要になります。いつまでもトラブルを引きずっていては、いくつ身体があっても足りません。

また、大きなトラブルに発展しなくとも、日々の業務で神経を使っていると、心に疲労がたまるものです。業務で少しずつ積み重なる心の疲労を、上手に発散させることが必要になります。ストレス発散方法は、人によってさまざまですが、友人と楽しく飲む、美味しいものを食べる、運動をする、趣味に没頭するということが、最も手軽なストレス解消方法でしょうか。仕事熱心な先輩弁護士ほど、仕事とは別の趣味の世界を持った人が多いのも、このような所以からでしょう。仕事だけでなく、息抜きのできる場所をしっかりと確保する努力も、仕事を続けるうえで大切なことといえるでしょう。

また、事前防止策や趣味の世界で発散することで解決できない場合には、自分の力だけでなんとかしようとせずに、他人に頼ることも方法の１つかもしれません。他人に頼る方法はいろいろありますが、信頼できる先輩・同期に悩みを相談することは、方法の１つだといえます。たとえ明確な解決策が見つからなくとも、同様な悩みを持つ仲間に話をする、また同じような失敗談を聞くだけで、自分の至らなかった部分や今後の改善点が見えてくることもあると思います。

メンタルの問題は、なかなか目に見えるトラブルではないため、メンタルトラブル自体を自覚することも人によっては難しいかもしれませんが、避けて通れない問題ですので、次善の策やストレス発散法、仲間への相談というあらゆる方法を駆使して、自分のメンタルを守る方法を見つけることが必要です。

健康管理

メンタル管理とは別に、健康管理もあなどれません。若手弁護士の皆さんは、まだまだ自分は若いので、多少の徹夜や深酒は全く問題ないと思っている方も多いかもしれません。しかし、あと数年もすれば、必ずガタが来ます。会食や飲み会の多いこの業界では、多くの先輩方が、糖尿病や肝臓疾患などの問題を抱え、医師から食事やお酒を制限されている話を耳にします。会食の場での食事制限で済めばよいですが、入院等の事態になれば、仕事にも大きな支障が生じてしまいます。

そうならないためにも、若い頃から身体を気遣う習慣をつけることが大切です。飲み会自体を断ることは、立場上なかなか難しいかもしれませんが、大好きなお酒でも、1回の摂取量を自分でコントロールするような大人の判断が必要です。また、お酒だけでなく、深夜の揚げ物・炭水化物の過剰摂取は、生活習慣病のもとです。居酒屋の飲み会メニューは、どうしても野菜不足とカロリー・脂質・塩分の過剰摂取になりがちですので、飲み会のメニューだけでお腹いっぱいにすることなく、事前に野菜などをとって、空腹状態を多少解消してから、飲み会に参加するのも方法の1つかもしれません。

メンタル管理も健康管理も、直ちに業務に関わることではありません。そのため、これらに対する管理は、おろそかになりがちです。しかし、若い頃からの小さな積み重ねが、数年後、10年後、20年後に大きな差を生み出します。弁護士としてベテランとなり、脂がのってきた頃に、美味しいものを美味しいお酒とともに楽しめる身体をつくるためにも、今の時期から、コツコツと自分の健康管理をしていくことが大切です。

新型コロナウイルスの大流行は、弁護士の仕事にも大きな変化をもたらしました。二の足を踏んでいた事務所のIT化を進めた事務所も多く、特にビデオ会議システムの導入については否応なしに進められました。

経営者としては、自分自身だけではなく、事務員や依頼者の健康にも気を遣わなければなりません。各事務所において、弁護士や事務員の勤務日数・勤務時間を減らしたり、リモートワークへの切り替え、事務所での手指の消毒の徹底、アクリル板や空気清浄機を設置したりといった対応をしていることと思います。

事務所内での感染対策についてはボス弁が責任を負いますが、感染の危険は事務所内に限ったことではありません。コロナウイルスへの一番の対処法は精神的にも肉体的にも健康を心がけ、自己免疫力を高めておくことだといわれています。ご自身の健康管理を見直す機会にしていただきたいです。

Rule

10　時間管理

▶ 時間はカネで買え

——１日は24時間。この限られた時間の中で何ができるか。急な仕事が入ることが想定される弁護士業務では、期限より前倒しの意識を持って時間をコントロールすることが重要である。それでも足りない場合は、最終的には経済的コストを支払うことで時間をつくり出すことも１つの選択肢である。

弁護士はともかく多忙！ 新人弁護士はなおさらです。

日中は、裁判期日や依頼者との打合せ、電話対応、事務所内会議等々で忙殺され、ようやく夕方一段落してから、たまっている起案に追われ、気づいたら深夜……。

そのような状況だけに、ときには期日や打合せに遅刻したり、書面提出も裁判所指定の期限に間に合わず、依頼者からの進捗確認に恐縮しきり……といった人は非常に多いのではないでしょうか。

しかしこれでは、ボス弁はもちろん、依頼者や裁判所からの信頼も得られません。このような状況に陥らないためにも、時間の管理や、時間の使い方を工夫することが必要です。

先輩弁護士たちは、どのような工夫をしながら業務にあたっているのか、参考にしてみましょう。

体験談１

「弁護士時間」は言い訳にならない

弁護士３年目　男性／中規模事務所勤務

弁護士は遅刻しがち？

「弁護士時間」という言葉を聞いたことはありませんか。

「弁護士は決められた時間どおりに来ない」、我が業界の一定の共通認識であるように思います。

どうして弁護士は時間に遅れて来るのか。同期の弁護士と話し合ってみたところ、厳密には「遅刻」なのではなく、優先順位を自分の中で設定して遅れてきているのではないか、という意見がありました。

具体的に言えば、「あ、もうこんな時間だ！　遅刻してしまう！」というのではなく、「この書面はもう少しやっておかないといけない。無断欠席するわけではないから、飲み会は30分くらい遅刻してもいいか」、「あまり話すことがないなあ。30分くらいしたら盛り上がってくるだろうから、ちょっと仕事してから行こう」ということです。

会を設定している人にとってみれば、随分と迷惑な話ではあるのですが、このような経験、心当たりがある人も多いと思います。

特に、自分で仕事ができるようになると、自分でスケジュールを組むことができるので、当然、無駄な時間を省いて効率よく行動したいと考えるようになります。その結果、入っている予定について、フルで出るのではなく、「途中からでもいいのでは」という調整を考えるようになっていくのです。

こうして、外の人から見ると、いわゆる「決められた時間どおりに来ない」弁護士ができあがっていくのではないでしょうか。

絶対に遅れてはならないものもある

ただ、自分ルールで動きがちな弁護士とはいっても、絶対に遅れてはならないのは、「裁判期日」と「書面の締切」です。

これらは遅れてしまうと弁護士としての信頼に関わりますし、最悪の場合は懲戒になってしまいます。

手帳にチェックするのはもちろんのこと、デスクの見える位置に、抱えている案件の簡単な進捗と締切を記載できるものを用意しておくと、忘れてしまうリスクを少しは軽減できます。

私も執務室の前の壁には、締切確認用のスペースをつくって、付箋を貼り付けています。

電車は遅れる、道は渋滞する

次に、期日に遅れないための心構えについてお話しします。

まず、裁判所等に向かうために公共交通機関を使われる方は、はじめから「電車は遅れるもの」、「道は渋滞するもの」と思って行動をしておかなければなりません。

通勤電車が遅れたことによって、例えば商談が破談になった場合に、鉄道会社に損害賠償を請求することができますか？

……おそらく、難しいでしょう。詳しい話は省きますが、旅客運送契約上は、時間どおりに到着することまで約款で約束しているわけではありません。

それに、仮に鉄道会社に損害賠償請求ができるとしても、期日に遅れて棄却判決になってしまったとき、依頼者に対して「大丈夫です。鉄道会社を訴えましょう」と言って納得してもらえるでしょうか。

原告代理人として受任した訴訟で、被告代理人が初回から答弁もなく欠席して弁論終結となったことがあります。被告から弁論再開申立てが出たため、裁判所も一度は再開を認め期日が指定されましたが、二度目も被告代理人が出頭しなかったため、再び結審し判決期日が指定されました。被告代理人は二度とも単純な遅刻だと主張し弁論再開を求めましたが、裁判所は再開を認めず、その結果、被告代理人は原告の請求を丸呑みした和解をせざるを得なくなったという事例がありました。裁判所は、当然ながら「弁護士時間」なんてものに対する理解を持ち合わせていません。

電車の遅れや道の渋滞は理由になりません。電車の遅れや道の渋滞を織り込んで行動することを心がけましょう。

余裕を持ったスケジューリングをするために

私は、書面は締切１週間前には完成させることを心がけています。特に、先輩や他の弁護士に見てもらう必要がある書面については、さらに前倒しでやっておかなければなりません。

そのほかに、私が時間管理として気を付けていることとしては、余分な時間をあえてつくっておくということです。具体的には、通常は早起きしてゆっくりする時間をとっておいたり、日中もいろいろな予定を入れておいたりすることで、忙しいときにはその部分を仕事の時間等にあてるということが考えられます。

また、あえていつもは１駅分歩いて通勤する、という余裕を持っておくことにより、急ぐ場合にはそのまま電車に乗って短縮するということも考えられます。健康面を考えても、今後実践していきたいと思っています。

時間をとるか、お金をとるか

健康面の話が出てきましたが、究極的に言えば、時間があるのであれば全て歩いたらよいということも考えられます。その方が健康にもよいし、節約になっていることは間違いありません。

しかし、その時間を仕事にあてることができるとしたら、果たしてどちらに経済的合理性があるのでしょうか。

また、「移動時間に仕事ができるかどうか」も大事な問題です。

私の場合は、東京から福岡でも新幹線を使うようにしています。なぜなら、確かに新幹線で向かう方が飛行機で向かうより時間はかかりますが、飛行機は結局搭乗手続等があり、その間に作業を行うことはできないからです。

他方で、新幹線は指定席を買ってしまえば、移動時間は仕事を行うことができます（もちろん、他者の目に触れては問題のある可能性のある仕事はNGですが）。

日常の移動においても、場合によってはタクシーの方が、車中でパソコンを開いたり、電話をかけたりできるということもあるかもしれません（もちろん、電話内容が、守秘義務違反にならないよう気を付けてください）。

「時間をカネで買う」という選択肢は、われわれの仕事にとっては、十分に検討に値するといえるでしょう。

最後は走れ

電車が遅延していて、タクシー乗り場にも人が並んでいる、流しのタクシーもいなそう、というとき、信じられるのは己の足です。

１分、１秒を争うギリギリのとき、例えば特急に乗れるか乗れないか、１時間に１本のバスに間に合うか等、走ることができるかどうかによって明暗が分かれることがあります。

交通網の発達した現代においても、最後の最後に頼ることができるように、日々の鍛練を怠らないようにしましょう。

体験談 2

スケジュール共有と細切れ時間の活用

弁護士３年目　女性／インハウスローヤー

スケジュール管理

私は現在、インハウスローヤーとして会社で勤務しています。しかし、条件付きではありますが、個人事件を扱うことも許されているため、勤務しつつ弁護士業を行っているという状況にあります。

まず、スケジュール管理の方法についてですが、会社においては、他人との情報共有がポイントになっています。具体的には、紙媒体の手帳を利用するとともに、会社で用意されているスケジュール管理ソフトを使用します。これは、部内の者であれば誰でも各人のスケジュールが閲覧可能になるものです。

また、週に一度、部内で情報を共有するためにミーティングが開かれるのですが、その際に先週の報告及び今週以降の予定について簡単にまとめたレポートを作成し、スケジュールを確認することになっています。さらに、当日の予定については、電話応対時などにすぐ確認ができるように、部署ごとに設置されたホワイトボードに各自で外出予定等を記載し、情報共有をしています。

このように、いくつかの方法でスケジュール管理をして、情報の共有を徹底しています。

法律事務所の場合は、特に事務局の方とのスケジュールに関する情報共有が重要になるかと思います。知人の弁護士は、予定が入るたびに、まずは事務局にその予定を伝えることを心がけているということでした。裁判所などから事務所に帰ってきて一番にやることは、予定を書いたメモを事務局に渡すことだそうです。また、ほかの弁護士からは、毎週月曜日に事務局と弁護士とでミーティングをして、１週間の予定を確認し、その後は、その都度予定を確認するという方法をとっているという話を聞いたことがあります。情報の共有は、万が一、自分が予定を失念していた場合でも声をかけてもらえますし、外部からの問い合わせにもすぐに対応できますので、とても重要だと思います。

次に、弁護士業務に従事するにあたっては、やはり前述の手帳を利用して、スケジュール管理をしています。この場面では、私１人ですので、情報共有というより純粋に備忘が目的となります。最近では、パソコンやタブレットの手帳アプリなどを利用している方も多いと思うのですが、私は、機械トラブルや情報漏洩のリスクを少しでも減らすために、基本は紙媒体の手帳に全てのスケジュールを集約して管理しています。

ただ、最近はスマートフォンのアプリでTODOリストも利用しています。どうしても、やるべきことが増えると細かい作業については忘れてしまうことがあるため、TODOリストの作成（形式は、メモなど何でもよいのですが）は必須だと思います。そもそも、TODOリストに載せることを忘れてしまい、いつまでに何をやるのかすっかり忘れてしまったことも何度もありますが、それについては、とにかくやるべきことができたらすぐにリストに載せるということを習慣づけるしかないと思っています。

ちなみに、手帳については、弁護士協同組合の組合員に毎年配布される弁護士手帳を使用されている方が多いと思いますが、私は市販のもので自分が使いやすいものを使用しています。

時間の使い方

私の会社は、午前９時から午後５時までが勤務時間となっています。しかし、フレックスタイム制を採用していますので、コアタイムさえきちんと出勤していれば、その他の時間帯で出退勤は自由です。もちろん、ひと月の勤務時間は所定時間を超える必要がありますので、そのあたりの調整は必要となります。

そうすると、個人事件等の弁護士業務に従事するのは、午前中の早い時間もしくは夕方以降又は休日ということになります。ただ、これらの時間帯は、電話等で連絡をとろうとしても相手が営業時間外であることが多く、問い合わせをするのもひと苦労です。タイミングを逃すと、簡単な作業でも次の日に持ち越すことになったりして、気持ちだけ焦るという状況に陥ります。しかも、会社では、セキュリティの観点から自分のパソコンを持ち込むことができないため、お昼の休憩にちょっと作業する、ということも難しく、メールはスマートフォンでの対応にならざるを得ません。もちろんこれらはインハウスローヤーとして勤務する以上当然なのですが、時間のやりくりに苦労していることは事実です。

このような状況なので、移動の電車内や昼休憩での空いた時間などに何かできることをしておこうと意識するようになりました。これまで、私は細切れの時間では作業をするにしても効率も悪いし、まとまった時間があるときに対応すればよいと思っていたところがあるのですが、この細切れの時間にちょっとした作業をやっておくと、後でけっこう楽だということがわかってきました。今では、ちょっと時間があれば、スマートフォンで業務のメールチェックをしたり（できれば返信も）、調べものをするなどしており、以前よりは時間を有効に使えているように思います。

また、インハウスローヤーになってから、出勤時間が少し早くなったのですが、時間の使い方としては、午前中、できるだけ早く出勤するのがおすすめです。法律事務所では、午前10時から業務開始としているところが多いかと思います。しかし、早く出勤すると１日が長く使えるのはもちろんですが、クライアントの会社などは大体午前９時には勤務が開始されているため、問い合わせなどへの対応が迅速にでき、クライアントから好印象を得られるというメリットもあります。そのような細かなことでも、弁護士への印象が違うのだということを、会社の中にいて感じるようになりました。

ボス弁の視線

イソ弁の最も重要な業務は、時間管理である

ボス弁にとって怖いのは、フォローできない失敗をイソ弁がすることです。

時間管理はその典型であり、例えば、多忙で起案ができないまま書面提出期限まで仕事を抱えてしまい、その時点で書面が未完成であることを報告されても、ボス弁としてはリカバーのしようがありません。

誤解を恐れずに言えば、ボス弁は、新人弁護士が自分と同じレベルの起案ができるなどと思っていません。80点の起案を95点にしようと提出期限間近まで抱えられるよりは、80点の起案をボス弁が指示した締切までに返してくれる方がよほどよいのです。

そしてほかの仕事との関係で締切に間に合わないときは、早めに相談することも重要です。そのような事態が何度も起きるのは問題ですが、どうしようもないときには、案件の優先順位をつけたり、仕事量を調整したりするのはボス弁の仕事だからです。

細かい仕事や調整の仕事が多いイソ弁が多忙であることはもちろん理解しています。しかしそのような中で、案件の進捗管理が適切で、早めに依頼者に回答を促したり、ボス弁の仕事を急かしたり、起案を計画的に行ったりして、締切を厳守できるような人は、ボス弁としてもやはり案件を安心して任せることができます。

また、締切や約束時間を守るということは、依頼者の信頼を得る一番簡単な方法でもあります。

ボス弁から、仕事を完全に一任されるようになれば、かなり成長した証です。

時間の管理や効率的な利用は、一人前の弁護士になるための大事な能力だと思って、創意工夫してほしいと思います。

ボスの奥の手

体験談にもありましたが、情報の共有は大切です。イソ弁に一緒に打合せに入ってもらうときや自分の代わりに期日などに行ってもらおうと思うとき、イソ弁の予定がわかっていると指示がしやすいです。逆に、自分のスケジュールがわかっていれば、イソ弁が「ホウ・レン・ソウ（報告・連絡・相談）」するタイミングを見計らうことも容易になると思います。

そのため、私の事務所では、スケジュール共有のためのソフトウェアを導入し、私も含めた全ての弁護士が、予定が入ればすぐに更新する運用を徹底しています。せっかくソフトウェアを導入しても、更新漏れがあると機能しませんし、ダブルブッキングのおそれも出てきますので、予定が入ればすぐに更新して共有する、ということが非常に重要です。

情報共有の方法は、このようなソフトウェアに限られませんが、どのような方法によるにしても、自分の予定をボス弁と共有し、ボス弁やほかの弁護士の予定を把握しておくことが重要です。

Rule

11 保険・貯蓄・資産運用

▸ いつまでもあると思うな健康と金

――災難はいつ襲ってくるかわからないもの。弁護士は、基本的に個人事業主であるから、会社員と違って自分で備えておかなければ誰も助けてくれない。保険や貯蓄、資産運用といった将来の備えにも、自分に合った上手な工夫が必要となる。

弁護士はほとんどが個人自営業者ですので、サラリーマンのような社会保険の恩恵はなく、国民健康保険と国民年金のみの保障しかない状態です。

万が一、不幸にも病気等で長期入院を余儀なくされたような場合には、国民健康保険だけでは、自分や家族の生活を保障してくれません。

また、将来、仕事をリタイアした後も、退職金や企業年金などの制度はないので老後の生活資金を保障してくれる制度もありません。国民年金に至っては、今のご時世、自分たちが受給者となる頃にはいくらもらえるのか、そもそも何歳からもらえるかすら疑わしく、全く期待ができません。

事務所が法人化されていて厚生年金に加入しているなど、給与所得者と同等の待遇の方はさておき、ほとんどの弁護士は登録したと同時に個人事業主となり、いざというときや老後のための準備を自分でしなければならなくなります。

ここでは、弁護士が利用しているであろうと思われる保険や投資について先輩弁護士のお話を紹介したいと思います。

体験談１

保険って必要？

弁護士９年目　男性／小規模事務所勤務

保険があってよかった瞬間

私は、弁護士になってから４年目の冬に体調を崩して、約３週間入院してしまいました。入院する少し前から体調があまりよくないことを認識していましたが、無理して働いて次の週末に休もうと思っていた矢先に倒れて救急車で運ばれてしまいました。

医師から、まずは１週間の様子見と言われ、結果的には約３週間入院することになり、年末だったため、運よく期日等については調整をしたり、知り合いの弁護士にお願いしたりするなどで対応することができました。

そして、ベッドでふと自分が入っている保険がどうなっているんだろうと気になり、こんな時にどんな保障が出るのかなと思い、保険会社に連絡をしました。そうしたところ、入院１日につき、１万円の保障があることがわかりました。掛け捨てタイプの保険で保険金も安いものですが、１日１万円が出るということは助かりました。結果として、治療費、入院費のほとんどをカバーすることができました。

もっとも、入院して業務が十分にできなったことにより、その月の収入はかなり減ってしまいました。収入の低下まではカバーできていなかったので、その点はもし今後同じように倒れてしまった場合、もっと長期間働けなくなる可能性も考えて、収入も一定の保障がされるように保険を見直そうと思いました。

保険って入る必要ある？

ネットで保険加入するべきかについて検索をすると、保険の加入についてネガティブな記事が目につくことが多いです。

私も確かに必要のない、保険料の高い保険は不要だと思いますが、最低限の保障は必要だと考えています。

例えば、現時点で１億円以上の資産を持っていたとしたら、仮に体調を崩して働けなくなったとしても、資産を使ってしばらくの間生活はできるでしょう。しかし、若手弁護士が数年で多くの資産をいきなりつくるということは容易ではなく、私のように登録してから数年の時に倒れたケースだと、貯金のみで暮らすというのは心細い状況です。保険は加入後保障が開始された時点で決められた保障額の支払いがされるので、私は最低限の保障は必要と考えています。

どの程度の保障が必要かというのは、個々人の生活レベルや家族構成等によって、千差万別です。また、どの程度の保障が必要かを考えることは家計の見直しにもつながると思います。

私自身も弁護士３年目で結婚し、子どもが生まれたので、独身だった頃に比べて、私に何かあったときに家族が暮らしていけるような保障は残したいと考えるようになり、死亡保障の見直し等を行いました。

保険会社の担当者から事件の紹介がある？

私は、加入している保険会社の担当者から事件の紹介を受けたことがあります。保険の担当者と仲良くしておくのも業務開拓の１つの手段だと思います。

どのように紹介してもらえるような関係となったかについては、担当者自身の営業トークの中に知り合いに弁護士がいるという話を混ぜてもらうということです。世間話でもよいので保険の担当者が営業先の人と話す会話のネタとして、弁護士がいるということを伝えておいてもらうと、保険の担当者が弁護士の紹介をお願いされたときに自分を紹介してもらうことができます。

もっとも、これは保険の担当者の中で自分以外に弁護士がいないか、少ない場合に有効だと思うので、多くの弁護士の知り合いがいる保険の担当者だと紹介されることはあまり多くないかもしれません。

この点は相性も大きいと思うので、気の合う担当者であれば、仲を深めておくのもよいかもしれません。

保険の知識もあると話が弾む

保険の担当者から聞いた話ですが、中小企業の経営者はさまざまな目的で保険に加入している人が多いようです。

弁護士として、中小企業の経営者と話す際の話題の１つとして保険の簡単な知識や話題を持っていると会話のネタになると思います。

私は、保険の担当者から、最近の中小企業の経営者はこんな保険に入っている人が多いという話を聞いたので、そのことを別で知り合った経営者との間で話をしたところ、後日、その保険の担当者を紹介してほしいと言われました。

その結果、その経営者の方は保険に加入し、それがきっかけで私とも顧問契約を締結することになりました。

体験談２

ほったらかし資産運用

弁護士６年目　男性／小規模事務所勤務

弁護士になりたての頃

私は、脱サラ後、ロースクールを経て弁護士になりましたが、「宵越しの銭は持たない」ではないですが、生来の浪費癖から、サラリーマン時代の貯蓄はさほどなく、その貯蓄も予備校の費用、ロースクールの学費、生活費などで多くが消えてしまいました。そのため、遅い年齢で弁護士になったものの、年齢に見合うほどの貯蓄がないという非常に恥ずかしい経済状況にありました。

普通であれば、このままではまずいと思い、貯蓄について真剣に考えるのでしょうが、私の場合、弁護士になってからも浪費癖がなおらず、弁護士１～２年目の頃は主に飲食その他の遊興費で浪費して、結果、貯蓄はほとんど増えませんでした。

貯蓄について真剣に考え始める

弁護士は、サラリーマンと違い、退職金がありません。また、弁護士法人に所属する勤務弁護士ではなく、個人事業主としての弁護士であれば、厚生年金には加入していないため、65歳以降に支給される基礎年金（国民年金）も雀の涙ほどしかありません（現在の月額支給額は最高でも６万5,000円程度のようです）。弁護士には定年がなく、体力と知力が維持されている限り、何歳まででも働ける一方で、個人事業主としての弁護士には、このように老後の経済的保障がほとんど何もないということにふと気づきました。さすがの私でも、このままでは老後の生活がまずいと思うに至り、貯蓄について真剣に考え始めました。

資産家の友人からのアドバイス

そんな折に、ロースクール時代の同級生で、資産運用に詳しい資産家の友人とたまたま飲む機会がありました。彼は、投資によって一財産を築き上げ、配当収入などのいわゆる不労所得で生活しており、趣味で司法試験を勉強しているという人間でした。そんな友人に、老後資金のためにローリスクで簡単に始められる資産運用はないかと尋ねたところ、先進国のインデックスファンド（株価指数などの一定の指標に連動した運用を目指す投資信託）への累投型投資信託を推奨されました。毎月25日に10万円など、自分で事前に定めた日に毎月定額を積み立てて投資していくというもので、今では常識かもしれませんが、ドルコスト平均法（価格が変動する金融商品を常に定額で長期間にわたり定期的に購入し続ける投資手法で、これにより金融商品を購入し続けた場合は、価格が低いときの購入量は多くなり、価格が高いときの購入量は少なくなります）により、投資のタイミングを分散してリスクとリターンを平準化できること、累積投資により、分配金が自動的に再投資に回されるため、長期で投資をした場合の複利効果が極めて大きいことなど資産運用の初歩的な考え方について教えてもらいました。また、先進国や米国のインデックスファンドは、長期で見た場合、上昇傾向にあるため、長期投資を考えるのであればローリスクであること、インデックス投資の場合はファンドによって運用成績が大きく変わることはないため、信託報酬などの手数料の安さがファンド選択の重要な基準となること、煩わしい営業がなく口座開設料や手数料が安いネット証券に口座を開設すべきことなども教えてもらいました。私は、物は試しだと思い、翌日にはネット証券の口座開設手続を行い、さっそく先進国のインデックスファンドへの累投型積立投資を開始しました。

この投資信託は、ずぼらで浪費癖のある私にはぴったりの資産運用でした。口座振替により月末に収入から一定額がネット証券口座に入金され、ネット証券の方で決まった金融商品を自動的に購入してくれるので、自分では特に何もせず何も考えることなく資産運用が完了してしまいます。後はお金が勝手に働いてくれるのを長い目で待つだけです。まさに「ほったらかし資産運用」なので、私のようなずぼらな人間にはもってこいだと思います。また、収入から毎月一定額が資産運用へ自動的、優先的に回され、余ったお金でやりくりすることになるため、以前よりも浪費する額が格段に少なくなりました。

節税効果も重要

サラリーマン時代は税金が給料から天引きされていたため自分がいくら税金を納めているのか明確に意識していませんでしたが、弁護士となり個人事業主として申告するようになってから、否が応でも税金について意識するようになりました。弁護士３年目になると、自分の顧問会社が何社かできたことなどもあり、人並み程度には稼げるようになってきましたが、一方で税金が高いなぁと感じることが多くなりました。そうした中で、節税効果も意識して、積立NISAとiDeCoを開始しました。ご承知のように積立NISAについては運用益が非課税ですし、iDeCoについては運用益が非課税であることに加えて掛金全額（個人事業主の場合、最高で年額81万6,000円）が所得控除の対象となるため、投資信託をしながら一定の節税効果が見込めます。積立NISAとiDeCoの各専用口座を新たに開設した後は、前述の投資信託と全く同じように口座振替により毎月決まった日に一定額（積立NISA、iDeCoともに上限額）でインデックスファンドの累投型投資信託の商品（積立NISAについては日本株、iDeCoについては米国株S&P 500）を自動的に購入しています。

また、節税対策とリタイア後の退職金代わりに小規模企業共済に加入している同業者が多いことを知り、これに加入しました。小規模企業共済では、掛金の全額（個人事業主の場合、最高で年額84万円）を所得控除できるため、節税効果が見込めます。詳細は中小機構のホームページをご確認いただきたいのですが（同ホームページの「加入シミュレーション」では実際の節税額等をシミュレーションできます）、同ホームページによれば、例えば課税される所得金額が1,000万円の人が月額７万円をかけたときの節税額は36万7,000円になるそうですので、この節税効果は決して小さくはないと思います（ただし、加入期間が20年未満の場合には元本割れのリスクがあるため注意が必要です）。

なお、小規模企業共済についても口座振替で毎月７万円の掛金を支払っていますので、これも「ほったらかし資産運用」の一環といえるかと思います。

値動きに敏感になりすぎない

インデックスファンドも当然のことながら経済情勢に左右され、日々値動きがあります。将来、経済情勢が大きく変化し、場合によっては運用益がマイナスになることも十分あり得ます。現に、私が資産運用を開始した当初は、運用益がマイナスになったこともあり、そのときは動揺してしまいましたが、その後の米国経済などが好調なこともあり、トータルで見ると現在は概ね30％以上の運用益が出ています。

ほったらかし資産運用では、老後資金に向けた長期の資産運用が前提となるため、中途での売却は想定していません。そのため、値動きにはあまり敏感になりすぎず、運用益を逐一チェックするようなことはせず、ほったらかしで静観するといった姿勢が精神衛生上も重要かと思います。

本書は資産運用の書籍ではありませんので、個々の金融商品の具体的な内容や資産運用全般に関わるリスクなどについては言及しておりませんが、あくまでも資産運用にはリスクが付き物であることを認識したうえで自己責任の下で老後に備えていただければと思います。

ボス弁の視線

考えておくとよい理由

弁護士が保険や資産運用を考えるとよいのは、大きく２つの理由があると思います。

１つは、体験談にもあるように、万が一、自分が怪我や病気などで長期間働けなくなった場合やリタイア後の生活保障に充てるためです。これは弁護士に限ったことではなく、自営業者は対策を考えている人が多いと思います。

自分はまだ若くて元気だから大丈夫と思っていても、もしもの時は急にやってくるものです。いざという時にある程度の備えがないと、非弁業者の甘い言葉につい惑わされてしまう、なんてことも起こり得ます。そうなれば、弁護士としてのキャリアや信用を棒に振ることにもなりかねないので、早いうちから適切な備えをしておくことが必要です。

２つ目は、弁護士は、依頼者の資産を業務上扱うことが多い職業です。離婚の財産分与や相続、倒産事件などで、財産の調査・管理・処分等を行う機会は数多くありますし、また企業法務において会社から制度設計についての相談を受けることもあり得るでしょう。そのような際に、保険や資産運用についての一般的な知識を弁護士が知っていなければ話になりません。そういった業務に役立つ知識を身に付けるという意味でも、自ら興味を持って検討してみるというのはよいことだと思います。

保険屋さんの視線

保険をうまく利用するための保険との関わり方について、保険屋さんにインタビューしてみましたので、ご紹介します。

自分にとってよい保険を知るには、まず国の制度を知りましょう。次に自分が所属している事務所の制度を知りましょう。そのうえで、自分のライフプランを考えて欠けている部分を保険で補う、という考え方が正しい考え方だと思います。

(1) 国の制度について（健康保険の話）

健康保険については、弁護士国民健康保険又は法人の場合は協会健康保険に加入していることと思います。この健康保険に入った時点で、医療費は３割負担が原則になります。

そして、健康保険には高額療養費制度というものが存在し、ひと月ごとに医療費が一定金額を超えた場合、一定金額を超えた分は月ごとに返還される制度があります。これについては知らない方が多いというイメージです。この点、金額等は変動がありますので、インターネットなどで都度確認するとよいでしょう。月ごとの医療費合計になりますので、例えばですが５日間だけ入院する場合、月末から月初にかけて入院するのは得策ではないことになります。１か月の合計になりますので、入院の日を選べるならば月をまたがない方がよいのです。

また、これはご存じの方も多いかもしれませんが、医療費は一定の金額を超えると確定申告により、所得税の計算の際に所得控除されます。現在の制度では最大200万円まで、かかった医療費から保険などで支払われた金額や先ほど述べた高額療養費制度で戻ってきた金額と10万円を引いた金額が所得控除の対象となります。

（2）事務所の制度について

弁護士業界の場合、事務所で団体保険に加入しているような場合があります。この場合、死亡時のリスクなどはここで賄ってもらえる可能性がありますので、事務所の制度を確認してみましょう。

（3）個人で考えるべき保険について

国の制度と事務所の制度を把握すると、次には自分にとってこのほかに何が必要か、足りないものの差額をどう補うか、が見えてくることになります。個人で負担する部分については自分で考えてから補う方法を検討するとよいでしょう。

補う必要があるものを検討するポイントとしては、❶死亡したとき、❷生きている間の経済ギャップ、❸仕事を辞める時期及びその後の生活費の補償、の３つに分けて考えることができます。

❶死亡したとき

養っている家族がいる場合には、残された家族のために死亡保障について検討することになるでしょう。特に養っているという状況でない人は、この部分には手厚い保障は不要ということになります。

❷生きている間の経済ギャップ

働いている間に万が一病気をした場合、働けなくなってしまった場合、一時期仕事を休まなければならなくなった場合、などの検討です。国の制度が存在している中、ある程度の現金が存在していることを想定している人には、医療保険というものは基本的に必要がないという結論になります。貯蓄をどう考えるかで選ぶものが変わってきます。

また、がんなどのリスクについて、自分が高度先端医療を受けたいと思うかどうか、入院をした場合などに、自分自身の収入がどうなるのか、そしてその収入の変動による補完はどの程度必要か（扶養家族がいるかいないかなども大きく影響します）などを検討することになります。

❸仕事を辞める時期及びその後の生活費の補償

いつ仕事を辞めるか、辞めた後にはどういうお金が必要か、で考えることになります。仕事を辞める時期で考えることは重要で、個人年金は仕事をしながらでも受け取れますが、分離課税ではないので、ご自身の所得に課税されます。

また、自分で貯めてきたお金については、仕事を辞めてもそう気持ちよく使えるものではない人が多い中、退職金などのお金については、自分へのご褒美のために一定程度気持ちよく使える方が多いというイメージがあります。そうすると、仕事を辞めたときなんとなく自分へのご褒美として使えるお金を、と考えることもできます。

いつの段階で、どのようなお金を必要とするかを検討することで、どの商品が適切かわかってくることになります。

以上を踏まえると、保険を選ぶ際は、安いのがよい、とかお金が貯まるのがよい、とかそういう視点で商品を探すのではなく、自分の人生設計を考えてプランづくりをすることが大事です。

□ 保険の一般的な知識について

1　通常の保険会社で扱われている一般的な保険

(1) 死亡保障

自分が死亡したときに家族など受取人に支払われるものです。扶養家族がいる方が入ることが多いと思います。また、不動産を住宅ローンで購入したような場合にも、一家の支柱が死亡した場合に残された者のために、残ローン部分を支払えるよう設定することもあります。

❶定期保険

一定の期間内に死亡した際に、決まったお金が支払われるものです。一定の期間が過ぎた場合には支払いがなくなりますので、住宅ローンや子どもの教育費など、お金が必要となる時期に万が一のことが自分にあった場合の備えということになります。貯蓄性はありませんが、相対的に掛金は安いものとなっています。

❷養老保険

満期保険金と死亡保険金が同じ金額の保険です。目標金額に達する前に死亡した場合には、満期保険金と同じ金額の死亡保険金が受け取れます。目標金額まで払い込んだ場合には、満期保険金が受け取れますので、貯蓄の要素と死亡保障の両方を兼ね備えています。必ず戻ってくるものですので、掛金は相対的に高くなります。

❸終身保険

死亡まで保障が継続する保険です。死亡時に一定の金額を確実に受け取れます。死亡すると確実に取得できるものですので、貯蓄性があり、途中で解約する際には解約返戻金が発生します。払込期間が決まっているもの（有期型）がほとんどです。貯蓄性が大きいため、掛金は相対的に高くなります。

上記❶から❸の保険が基本形です。この基本形の保険に対して、医療保険やがん保険、三大疾病保障保険などが応用型で付いてきます。これらについても、いずれも、定期保険のタイプか、養老保険のタイプか、終身保険のタイプか、というカテゴリーに大きく分けられます。

したがって、保険の内容は各会社によってさまざまですが、全て大きい枠組みでは上記の３つを基礎としますので、この３つの基本形をまずはきちんと理解することが、自分の保険を理解するうえで重要になります。

（2）老後保障（個人年金）

名前のとおり、任意保険のうち、今かけておいた金員を、老後一定の年齢から年金として受け取るものです。

個人年金については、商品によって各種内容が異なりますが、解約すると当然規定の解約返戻金は受け取れます。また死亡した場合でも一定の金額を受け取ることができます。

一定の年齢を超えたときに、一括で受け取ることもできますし、また１か月ごとに一定の金額を受け取ることができるものもあります。このときの課税のされ方が商品によって異なってくることがありますので、個人年金については運用率に加えて、この点を重視して確認をするとよいでしょう。

２　弁護士会を経由して加入する保険

（１）弁護士休業補償保険（所得補償保険）

名前のとおり、弁護士が一定の疾病にかかり業務ができなくなった場合に、一定期間の所得を補償してもらえる保険です。期間や補償金額は契約によって異なります。

（２）団体定期保険

死亡定期保険の一種です。運用率がよく、掛金の半分くらいの配当があるということを売りにしているものです。配偶者に対してもかけることが可能です。この定期保険については上限が限られていることと、リビングニーズ特約（医師から余命宣告を受けた場合に、生存中に死亡保険金が受け取れる制度）が付けられないのが任意保険と異なるところです。

（３）日本弁護士国民年金基金

国民年金しかない、特定の事業主に対して、公的に認められている個人確定拠出年金の弁護士版のものです。基本的には掛金が全額確定申告の際、控除され、任意保険との差はこの部分のみで、運用率については各種保険会社と比べることになります。任意保険の方が運用率が高いことが多いですが、この点と控除率とを考えてどちらに加入するのかを検討することになります。

（４）中小企業共済掛金

個人事業主であるわれわれ弁護士が退職金の代わりとして廃業時に一定のまとまった金額を取得することを目的とする共済掛金です。

3　保険会社の仕組み

多くの保険会社は相互会社という形態をとっています。相互会社とは、保険事業だけに認められている会社形態で、相互会社では、生命保険に加入した契約者は原則として社員となり生命保険会社の運営に参加することとなっています。実際には、社員の中から総代を選び、総代会で会社運営上の重要な事柄を決めていくというものです。

そして、保険会社は、倒産したとしても被保険者の保険が払われないということがないような仕組みになっています。日本国内で事業を行う保険会社は、「生命保険契約者保護機構」に加入する義務を負っており、この生命保険契約者保護機構により、破綻した生命保険会社の契約を引き継ぐ保険会社に対し、必要に応じて資金援助を行うということになっています。

Rule

12 報酬設定

▸ 報酬はとれる"だけ"とれ

——報酬をいくらに設定するかは、弁護士が仕事をするうえで最も悩む部分である。いくら丁寧な仕事をしても、依頼者が報酬額に不満を持てば、次の仕事につながる可能性は下がってしまう。逆に、依頼者の満足度が高ければ、相場以上の報酬がもらえることもある。貪欲にもらえる限りの報酬を狙うのではなく、さまざまなことを考慮したうえでもらえる範囲の報酬をもらうという姿勢がよいだろう。

多くの弁護士にとって、依頼者からいただく報酬がほぼ唯一の収入源です。かつては（旧）日弁連報酬等基準があったため、報酬に悩む機会はそう多くはありませんでしたが、今はそうはいきません。

弁護士の数も増え、法律事務所間での競争が激しくなりつつある今、上手に報酬をもらえるテクニックは必須のスキルになりつつあります。

人間とは不思議なもので、納得できないお金は１円も払いたくないものですが、納得ができるものならば100万円でも200万円でも払ってくれます。

たとえ額面が大きいお金であっても、いかにそれを納得させるかが弁護士の腕の見せ所です。

ここで、ある程度経験を積んでいる若手弁護士が、報酬の設定についてどのような工夫をしているのかについて、体験談をご紹介します。

体験談１

お、値段以上！

弁護士６年目　男性／小規模事務所勤務

弁護士という職業には、判断に迷い、頭を悩ませる場面は付き物です。クライアントに「先生、弁護士報酬は大体おいくらでしょうか？」と尋ねられて回答する場面も、そうした頭を悩ませる場面の１つといえるでしょう。事務所案件を処理するときには、報酬設定＝プライシングはボス弁の役割であることが多いので、悩むことは多くないかもしれません。ですが、個人事件を処理するようになると、必ず直面するのがこの問題です。最近は弁護士間での競争が激しいこともあり、ますます悩ましい問題となっています。

弁護士個々に考え方も金額設定も異なりますが、これまでの経験に基づいて私が心がけていること、試みていることをご紹介します。

初回打合せ時に、相場観をすぐ伝える

クライアントから弁護士報酬を尋ねられる場面が多いのは、初回打合せの終盤です。質問されたときには、大体の相場観だけでもクライアントに伝えられるようにしておきましょう。

弁護士は、自己の弁護士報酬に関する基準を作成し、事務所に備え置かなければならない（弁護士の報酬に関する規程３条１項）ところ、私は、「（旧）日弁連報酬等基準」（以下「旧報酬基準」といいます）に準拠した内容の基準を自分の報酬に関する基準としています。私のように旧報酬基準に準拠して自己の報酬に関する基準を定めている方は多いと思います。そのような場合、クライアントには、旧報酬基準に従った相場観を伝えることになります。旧報酬基準が掲載されている手帳を利用して

いる方は、打合せ時にすぐに確認できますが、利用していない方もすぐに確認できるよう、常に準備をしておきましょう。

ちなみに私は、スマートフォンのストレージサービスアプリに旧報酬基準をPDFで入れており、いつでも確認できるようにしています。

具体的な報酬金額は、初回打合せ時には回答しない

初回打合せ時に相場観を伝えようと述べましたが、具体的な報酬金額はその場で即答しない方がよい場合が多いと感じています。というのは、旧報酬基準に形式的に当てはめた金額から一定の調整を必要とする場面も多く、その調整に多少の時間を使って悩んだ方が、結果的にクライアントが満足してくれるケースが多いと感じるためです。

自分の経験に基づいて事件の見通しを立て、予想される労力に見合った金額を確保する観点とクライアントのニーズの観点の折り合いがつくところを探るという作業が必要になりますので、ここで多少時間を使って頭を悩ませてみてください。

私は、初回打合せ時には回答せず、「旧報酬基準に基づいた場合は○○円ですが、本件の金額については検討したうえですぐお知らせします」と述べたうえで、後から金額を伝えるようにしています。

旧報酬基準を上限に、若干低めの金額を設定する

私の場合、旧報酬基準を上限として、それよりも若干低めの金額設定にすることが多いです。もっとも、ただ低めにするわけではありません。若干低めにしたうえで、後記のとおり低めの金額であることをしっかりと説明し、お得に感じてもらえるようにしています。また、顧問契約につなげるため、あえて低めにすることもあります。

この点については、プロフェッショナルとして仕事をする以上、安く

受けるべきではないとの意見も多いでしょう。もちろん、低すぎる金額設定をすれば将来自分の首を絞めることにもつながると考えていますし、絶対すべきでないと思っています。ただ、若干低い程度の金額設定であれば弊害は大きくないといえますし、現在のクライアントが将来の営業マンになってくれることもありますので、中長期的にはより大きな果実が得られる可能性もあります。

旧報酬基準に乗りにくい案件は、ボス弁への質問やインターネットで相場観を知る

例えばM＆Ａに関する契約書作成・交渉、破産・民事再生等の申立費用など、旧報酬基準に乗りにくい案件も多々あります。このような場合に頼りになるのは、なんといってもボス弁や、兄弁・姉弁です。どの程度の金額が適切な相場観か、率直に相談してみましょう。相談することが難しい場合には、インターネットでほかの事務所の金額水準を調べて参考にしましょう。ただ、インターネットで公表されているほかの事務所の報酬基準は、公表されるものであるという性質上高めに設定されているものと、顧客誘引のために低めに設定されているものがあると思われますので、注意が必要です。

非定型的な案件で、必要となる労力を予想するのが困難な場合には、タイムチャージ方式も選択肢に入れてみましょう。

低めの金額に設定する場合には、説明文書をつくってお得感を

報酬基準を下回る金額を提案する場合には、せっかく旧報酬基準よりも低い金額を提案するのですから、クライアントにしっかりとお得感を感じてもらいましょう。文書やメールで、旧報酬基準に従った場合の金

額を明示し、低い金額を提案する理由を説明してしっかりとお得感をアピールしましょう。

なお、受任時には旧報酬基準に従って報酬金額を設定したものの、解決後に、比較的労力がかからずに済んだ場合等に事後的に報酬を割り引くケースもあるかと思います。その場合ももちろん、文書でしっかりとアピールしましょう。

当然のことながら、きちんとした仕事をしてクライアントに仕事の内容面で満足していただくことが大前提ですが、そのうえで、内容に比べてお得感を感じてもらえたならば、「お、値段以上！」と嬉しい驚きにつながるかもしれません。そうした驚きを感じてもらえたならば、そのクライアントを通じてさらなる展開があるかもしれません。

金額を低く設定し、その分、顧問契約に誘導する

顧問契約は、言うまでもなく弁護士にとって大変ありがたいものです。一度締結してもらえると、顧問料が固定報酬として入ってきますし、2年、3年と継続していただけることも多く、さまざまな案件が舞い込んだりします。もっとも、いかに顧問先を開拓するかは弁護士にとって永遠の課題。顧問先開拓に効く特効薬があれば、入手したいものです。

幸いなことに、私は登録4年目の5月からの1年間で顧問先を5件開拓することができました。その方法は、報酬金額を旧報酬基準より低く設定し、低くした金額分と同じくらいか、若干下回る程度の年間顧問料額で顧問契約を締結することをおすすめする、そして顧問契約を締結した場合のメリットをきちんと説明するというものです。クライアントにとっては、旧報酬基準と同じ程度の合計金額を支払うことで別件の相談もできますし、一部金額の分割払いのような形になるので、「お、値段以上！」と感じていただけるのではないでしょうか。

ただし、旧報酬基準に基づき算定した場合、逆に労力におよそ見合わない低額な着手金及び報酬金となってしまうような案件もまれにあるか

と思います。例えば、私が最近受任した案件は、共有者の１人が、他の共有者全員を被告として、全面的価格賠償により共有地の所有権を単独取得することを目的とした共有物分割訴訟でしたが、登記上の共有者は100名を超え、その後、相続が発生している可能性が高く、被告（現在の共有者）の調査だけでも相当の手間暇がかかることが予想される案件でした。一方、当該共有地は山林であり、旧報酬基準に基づき着手金及び報酬金を算定した場合、経済的利益は対象となる持分の時価の３分の１の額とされるため、その金額は著しく低額なものとなります。このような案件では、必要となる実際の労力などを考慮して、例外的に旧報酬基準に基づく上限金額を超えた金額を設定することもやむを得ないかと思います。ただ、その場合であっても、クライアントに金額を提示する際には、旧報酬基準の上限を超えることと、その合理的な理由について、説明が必要なことは言うまでもありません。

体験談２

依頼は請求する場合だけではない

弁護士５年目　男性／中規模事務所勤務

弁護士として依頼を受ける事件は、金銭等を請求する場合に限られません。依頼者が請求をする側であれば、請求する金額等を基準として弁護士報酬の金額を設定することが多いので、比較的、依頼者からの理解を得やすいです。しかし、依頼者が金銭の支払い等を請求された側である場合（被告事件の場合）には、依頼者に将来相手方に対する金銭的負担が生じる可能性があることも考慮しなければならず、報酬の設定について気を遣うことが多いと思います。

また、依頼を受ける事件が刑事事件である場合には、民事事件とはまた違った視点から報酬を設定したうえで、依頼者に納得してもらう必要があります。
このような場合に、私が気を付けていることをご紹介します。

被告事件の際に気を付けること

依頼者が金銭等を請求された側である場合でも、請求する側の場合と同様に、日弁連の旧報酬基準をベースに報酬額を決定する弁護士は少なくないと思います。

被告事件については、結果として、被告側の依頼者が相手方に対して金銭の支払いをする方法で解決に至る可能性が相応にあります。

そのため、着手の段階では、相手方の請求額を根拠に旧報酬基準に照らして報酬額を決定しますが、旧報酬基準に照らして形式的に計算すると高額になってしまうことがままあり、実際の報酬金額を、旧報酬基準に照らした金額から減額する弁護士も少なくないでしょう。

被告事件の場合、仮に一部認容判決が出たとしても、相手方に対して金銭を支払う必要があり、他方で、減らせた分については、減額分を経済的利益として、その利益に応じて弁護士に対して報酬を支払うことになり、依頼者にはある意味二重の支払いが必要になるため、依頼者の満足をしっかり得られるように注意しなければなりません。

私自身の体験談として、過去に「相手方から急に高額の支払請求を受けたけれど、身に覚えがない」という案件で、依頼者が経済的に困窮していたことから、依頼者と相談して、着手金を安めに、報酬金を旧報酬基準に照らした金額で決定していたことがありました。

その案件では、「着手金は安めだけど、しっかり頑張ったら報酬がもらえる」と思って頑張って活動し、幸いにも大幅な減額をすることができましたが、いざ報酬金の支払いの段階になると、「そもそも相手方の主張が荒唐無稽だったはず。そんなに報酬を払いたくない」と言って、私との間で報酬の支払いでトラブルが生じてしまいました。

被告事件の際には、依頼者にとって経済的利益がなかなか実感しにくいので、通常よりもしっかりと報酬に関して説明する必要があります。また、受任する弁護士にとっても、支払い拒否のリスクがあることを念頭に置いておいた方がよいかもしれません。

刑事事件の場合に気を付けること

刑事事件は、民事事件と異なり、依頼者の利益を明確に金額で評価することが難しく、事件内容や被疑者・被告人の立場によって、示談交渉が必要な場合であったり、多数の関係者と連絡をとる必要がある場合であったり、多数回の接見をして本人から事情をよく聞く必要がある場合など、事件ごとに弁護士が行う業務の量が異なるのは当然ですが、その見通しを立てることが、相談の初期段階では難しいことも多いです。

当番弁護の際に私選で依頼を受ける場合には、所属する弁護士会で報酬基準が定められており、その基準に従って報酬を設定すればよいのですが、弁護士会を通さない純粋な私選弁護の依頼を受けるときも、金額を安くしてほしいと希望する依頼者に対しては、私は基本的にはこの当番弁護の際の報酬基準や旧報酬基準を示すことにしています。そのうえで、これらの基準以上の報酬を設定する場合には、当番弁護の際でも、事案に応じて合理的な理由があれば、基準以上の報酬を設定することも認められていることを説明し、当番弁護を利用するよりも自分に依頼してもらうことで得られるメリットや、インターネットに出てくる事務所の相場観、今回依頼を受ける事件の性質等も踏まえて、上記の基準以上の報酬金額を設定することに納得してもらうようにしています。

また、報酬金額を設定するにあたり、着手金の設定ももちろん重要ですが、結果に対する報酬を詳細に明確化しておいた方がよいと思います。勾留を阻止できた場合の報酬、保釈請求が認められた場合の報酬、不起訴にできた場合の報酬など、あらかじめなるべく細かく報酬項目を設定し、納得してもらうことが重要だと思います。先日、第一審で実刑判決となった被告人の控訴審における弁護の依頼を受けた件で、第一審判決後に被害者との間で示談をすることができる関係で、確実に第一審よりも懲役期間を減らせると予想し、控訴棄却となった場合の報酬を決めていなかったのですが、結果、控訴棄却となってしまい、報酬の金額をどうするかにつき依頼者と多少揉めてしまったことがありました。刑事事件では、あらゆる処分結果を想定して、報酬を設定しておくことが重要だと思います。

もっとも、刑事事件の場合、依頼者が身柄拘束されている場合が多いので、報酬の設定よりも、現実に報酬を回収することが最も難しいかもしれません。報酬の支払方法についてもよく話し合うこと・確認しておくことも重要です。

ボス弁の視線

報酬は自分1人のものではない

自分で事件をこなし、依頼者から報酬をもらおうとする若手弁護士にとって、報酬の決め方は非常に悩ましいところです。依頼者にお得感を感じてもらおうとして、ついつい必要以上の値引きをしてしまった経験のある弁護士もいるでしょう。

しかし、ここで忘れてはいけないのは、弁護士にとって依頼者からいただく報酬はほぼ唯一の収入源であり、そこから事務局のお給料や事務所の家賃等の諸経費を支払わなければならないということです。

報酬額を値引くことで依頼者に喜んでもらうことも時には必要ですが、事務所を経営する側の立場から見れば、安易な値引きは時には自らの生活だけではなく、事務所全体に影響を及ぼす可能性があることを意識しなければなりません。

早く終わらせた案件でも、報酬は堂々ともらうべき

一生懸命頑張って事件を早期に解決させたとき、依頼者から「短い時間で終わったのだから、報酬を値引きしてほしい」と言われることが時々あります。

しかし、事件が早く片付いたからといって、すぐに値引きに応じる必要はありません。

たとえ事件が1週間で解決したとしても、あなたはその仕事を1週間で終わらせられるようになるために、時間と労力を費やして勉強してきていることを忘れてはいけません。

ボスの奥の手

報酬を上手に決めるためには、弁護士が望む報酬額と、依頼者が支払ってもよいと考えている報酬額との間に乖離がないことが必要です。そして、そうした認識の乖離を防ぐためには、やはり事前に認識のすり合わせをしておくことが必須です。

私の場合、依頼者が法人の場合は、その案件に関する会社の予算を先に聞くようにしています。緊急の案件の場合は別として、ほとんどの場合、会社は弁護士に相談する前に、予算額をある程度先に決めているものです。

会社の予算がこちらの考えている報酬額より高い場合は、会社の予算の範囲内で仕事をするように伝え、逆に、会社の予算がこちらの想定より低い場合は、報酬額を決める前に予算の練り直しをお願いするようにしています。

こうした事前の認識のすり合わせを繰り返せば、担当者も報酬の相場について感覚がついてくるので、報酬でトラブルになる可能性がどんど

ん低くなります。

依頼者が個人の場合は、旧報酬基準と同等の水準の報酬額となることが多いです。最近の依頼者は事務所のホームページを見てからいらっしゃる方が多いので、事務所のホームページに報酬基準を載せておくと、依頼者も報酬についてある程度理解したうえで相談に来るので、報酬に不満を持たれる可能性が減ります。

報酬の提示の仕方ひとつで、もらえる報酬額が大きく変わることもありますので、報酬の設定にも細心の注意が必要です。

Rule

13　ワークライフバランス

▶ 子育ては最良のマネジメント

――弁護士は多忙な職業。毎日仕事に追われて家庭のことはパートナーに任せきりという弁護士も少なくない。しかし、きちんとワークライフバランスを実現している弁護士もいる。重要なのはタイムマネジメントであり、子育てに学ぶところは多い。

ワークライフバランス（仕事と生活の調和）といえば、やはり仕事と子育てとの両立問題が真っ先に思い浮かびます。

弁護士という仕事は、日々執務に追われ、深夜の起案、終電帰りは当たり前、場合によっては連日泊まり込み、同期と会えば過去一番忙しかったときの過酷体験の自慢合戦……。およそワークライフバランスとはかけ離れた業種だと思っていませんか。

今日の社会では、仕事環境も多様化し、夫婦がともに働きながら子育てをすることが当たり前になってきました。弁護士についても、昔の弁護士像に捉われず、多様な働き方が許容され、推奨されるべきです。

ワークライフバランスを確保することは、一面においては、短時間しか仕事をしないということを意味し、ともすれば執務にはマイナスと思われるかもしれません。

しかし、実際にやってみると、執務には大きなプラスであることを当事者もそしてボス弁も実感している例は少なくありません。

具体的にはどのような工夫をしながら業務にあたっているのでしょう

か。また、ワークライフバランスを確保することには、どのようなプラスがあるのでしょうか。

ここでは仕事と子育ての両立を中心に、ワークライフバランスに奮闘している先輩弁護士の話を聞いてみましょう。

体験談１

男性弁護士が提案するワークライフバランスのヒント

弁護士３年目　男性／小規模事務所勤務

弁護士は、女性も男性も仕事で多忙になりがちで、なかなかパートナーや子どもと過ごす時間の捻出に苦労することが多いかと思います。何かのヒントになればと思い、私が工夫をしていることを簡単にご紹介します。

新・四種の神器

仕事で時間をとられた後に、家事にも時間をとられてしまっては、なかなか家族と過ごす時間はつくれません。そんな共働き家庭の強い味方が、「食器洗い機（食洗機）」、「大きい冷蔵庫」、「全自動洗濯乾燥機」、「ロボット掃除機」という「新・四種の神器」です。

「食器洗い機（食洗機）」があれば、食後に家族だんらんの時間をゆったり過ごすこともできます。「大きい冷蔵庫」があれば、つくり置きがたくさんできるようになりますし、買い物に行く回数も減らせて、家で過ごす時間を増やすことができます。「全自動洗濯乾燥機」があれば洗濯物を干して取り込む時間を節約することに役立ちますし、「ロボット掃除機」があれば掃除機をかける回数を減らすことができます。

こうした共働き家庭の「新・四種の神器」を上手に活用することで、夫婦の家事への負担を減らすことが期待でき、家族とコミュニケーションをとる時間を増やすことができます。最新家電は少し高価なものもありますが、家族と過ごす時間をつくるための必要経費と思って割り切ることも、時には必要ではないでしょうか。

夫婦間での期日調整

多忙な生活を送っていると、家に帰る時間も遅くなり、家族で一緒に食卓を囲む回数も少なくなってしまいがちです。私の同期の弁護士は、夫婦ともに弁護士をしているため、土日も仕事が入ってしまうことが多く、夕食を一緒に食べられる機会は極端に少ないそうです。しかし、食事は夫婦や子どもとの間のコミュニケーションを図る大切な時間ですから、できるだけ一緒にとれるようにしたいものです。

そこで、私は、夫婦間でこんな工夫をしています。ある程度先の日程でお互いが空いている日を事前に確認し、期日調整のように、自宅で一緒に夕食をとる日や家族で一緒に外食に行く日をあらかじめ決めて、手帳などの予定表に書き込み、滅多なことがない限りほかの予定を入れないようにしています。例えば、気になるお店を前もって予約しておき、夫婦で特別な時間を過ごす予定の日をつくれば、日々の仕事へのモチベーションアップにつなげることもできます。夫婦がどちらも平日のお昼に時間がつくれる場合には、高級レストランのランチなどに一緒に行くことも考えられるでしょう。

子どもとの時間は朝が勝負

子どもがいる夫婦の場合は、家族と過ごす時間の確保はより難しくなります。特に、子どもがまだ幼い時期には、ある程度早く仕事を切り上げて帰ったとしても、すでに寝てしまっていることも多いでしょう。そんな子どもとのコミュニケーションはとにかく朝が勝負です。

私には、１歳半の子どもがいるのですが、子どもと同じ朝６時に必ず起きるようにし、１時間ほど一緒に遊んだ後、７時からご飯を一緒に食べるなどしてから出かける準備をして、子どもを保育園に送りがてら自分は事務所に向かうという生活を続けています。裁判期日を調整する際も、できるだけ10時からの期日は入れないようにして、朝は子どもとの時間を大切にするように心がけています。

体験談２

実感！　女性弁護士から見たワークライフバランスの利点

弁護士９年目　女性／小規模事務所勤務

弁護士１年目の妊娠

私は、弁護士登録１年目で妊娠し、２年目で出産しました。当然のことながら同期の中では一番早く、近い期の先輩女性弁護士でも出産・育児している人は周りにいませんでした。

妊娠が判明した当時は、嬉しい反面、ボス弁や同僚にどう伝えようか、辞めさせられるのではないか、育休明けに戻れる場所はあるのかと不安がいっぱいで、ボス弁に報告できたのは妊娠６か月になる前でした。

私の心配は杞憂に終わり、ボス弁は、妊娠を喜んでくれ、応援してくれました。今思い返すと、当時は、ロースクール修了組の女性弁護士が増えてきた頃で、弁護士会の中でも女性のキャリア形成と育児を両立するための支援策をという声が高まってきた頃でした。そのため、妊娠・出産への理解を得やすくなってきていたことも大きかったと思います。

スムーズな産休・育休取得と産後の職場復帰のために

産休・育休について職場で決められたルールはなく、周りにも出産・育児をしている人がいなかったので、どのようにするかは全て私が考え、決める必要がありました。

私は最短での職場復帰を目指していましたが、夫は出張等で不在がちで、また、お互いの実家は遠方で頼ることができないため、子どもの預け先の確保が最重要課題でした。年度途中の認可保育園への入園はまず無理なので、妊娠中から多くの認可外保育園に足を運び、事情を話して交渉し、年度途中で入園できるよう枠を空けておいてくれる保育園を確保しました。

また、妊娠経過は順調だったので、産休は出産予定日の１週間ほど前からと決め、それまでにいつ急な出産となっても大丈夫なように、引継書をこまめに作成し、電話一本で指示できる状態にしていました。

そして、やはり、私自身が戻ってきてほしいと思われることと、周囲の理解と協力が不可欠なので、産休までの期間は、やれることは積極的にやりましたし、ボス弁や同僚、事務局ともコミュニケーションを密にとりました。

クライアントにも妊娠したことと産休・育休期間、産後の執務時間の制約を説明し、差し支えるようであればほかの弁護士を紹介するという案内をしました（ほかの弁護士に乗り換えたクライアントはいませんでした。これはほかの弁護士からも同様の話をよく聞きます）。

午後５時半まででも、なんとかなる

我が家の事情から、私が職場復帰した後も、家事・育児と保育園の送迎はほぼ私が引き受けなければなりませんでした。

保育園のお迎えは時間厳守ですし、無事にお迎えを終えても、今度は子どもから目を離すことができない時間が待っています。家事すら難しい状態なうえ、まだ夜間授乳もあったので私もヘトヘト、帰宅後に自宅で仕事などできるはずもありません。結局、私が仕事に充てられる時間は原則平日の午前９時から午後５時半までで、何がなんでもその時間に終わらせなければならなくなりました。

さらに、突然の発熱で急なお迎えが必要になることや、感染症で数日休まなければならなくなるなどの予期せぬトラブルも多く、事前に病児保育、ベビーシッターサービス、夜間保育等の確保をしていても、それでは対応しきれないことも出てきました。

厳しいと思われる状況でしたが、それでも、意外なほど職場復帰はスムーズに進みました。執務時間が限定されると、締切効果もあり集中力が産前よりも格段にアップし、短時間で一気に起案を書き上げられるようになったのです。また、限られた時間を効率的に使えるように、１年・１か月・１週間・１日の予定と段取りをこまめに管理し、時間の過不足を都度調整するようになりました。

思い返すと、私の産前の仕事のやり方は、行き当たりばったりで仕事を進めたり、平日の夜・休日といったプライベートの時間や睡眠時間を削ってだらだらと起案するなど、無駄が多いものでした。意識の変化と工夫で、こうも働き方が変わるものかと驚きました。

また、どうしても子どもの預け先が確保できないときには、職場までベビーカーで連れてきて事務局に短時間だけ預けたり、裁判所に事情を話して電話会議に変更してもらったりすることもありましたし、子連れで会合に参加することもありました。

このように少しの意識の変化、工夫と、多くの支えに助けられ、産前と変わらぬ執務量を午後５時半までに終えられるようになったのです。

出産・子育ては仕事にも好影響

子どもを産むか産まないか、いつ産むかは、働く女性にとってとても悩ましい問題です。特に、女性弁護士は、司法試験に合格し司法修習を終える頃には早くて20代後半、30代という人も多く、弁護士としてのキャリア形成とライフプランのバランスが難しいと感じます。

私は、妊娠したのが早かったこともあり、弁護士となってから、終電近くまでがむしゃらに仕事をしたり、夜の会合に参加して遅くまで飲み明かすといったような時期はほとんどないまま現在に至ります。同期と比べいろいろな経験が少なく、後輩にまでどんどん抜かされ取り残されたような気持ちになったこともあります。

しかし、弁護士の仕事は一生できるもの。20代、30代でできなかったことは子育ての落ち着いた40代でやってみようという楽しみが今もあります。そして何より、子どもとの生活は、大変なこともあるけれど、得たものも多いです。

出産と子育ての経験は、事件の見立てや進め方に深みを持たせてくれるようにもなりました。

また、親の都合を全く考えない子どもの世話に追われていると、仕事のことなど考える余裕もなく、強制的に気分転換させてくれます。月並みですが、家族を大事に感じると、仕事にも張り合いが出ます。弁護士の仕事はただでさえ重責であり、しかも業務が積み重なってくると精神的負荷は相当なものになりますが、仕事を忘れる時間が多いと気が楽になり、結果的に弁護士業務を長く続けられるのではないでしょうか。

ワークライフバランスは、出産・子育てといった大きなきっかけがないと、なかなか実行しづらいことではあります。しかし、実際に実行できたときには、多くの人は人生が豊かになったと実感するのではないかと考えています。まずは週１日の定時帰宅といったところから実践してみるのも、よいのではないでしょうか。

ボス弁の視線

ワークライフバランスは、重要な経営課題

ボス弁の本音としては、弁護士登録後の最初の２、３年は、プライベートを捨てて、がむしゃらに仕事をして１日でも早く弁護士としての基礎体力をつけてほしいと思う気持ちもあります。しかし、逆に一定の経験を経てボス弁との信頼関係が構築できたイソ弁には、一時期の間、休職をしたり、短時間勤務となったとしても貴重な戦力なので、末長く事務所に残ってほしいと思います。仕事と子育ての両立困難を理由に退職されるのは事務所としても大きな痛手なのです。

そのため、ボス弁にとっても、若手弁護士のワークライフバランスは大きな経営課題となっています。多くの法律事務所は規模が小さく、休職中の金銭補償まで手当てできる事務所はほとんどないと思いますが、私は、出産する女性弁護士に対し「必ず戻ってきてもらいたい」という希望を発信するとともに、お母さんになった経験を業務に活かしてほしいと伝えるようにしています。また、女性弁護士が出産・育児を経て継続的に勤務している、男性弁護士がワークライフバランスを重視した勤務形態をとっている、といった事務所の雰囲気は、クライアントの信頼確保にもつながります。

また、私にはまだ幼い娘がいるのですが、将来成長して進路の相談をされたときには、自信を持って弁護士という進路を勧められるようになりたいという思いがあります。もちろん、弁護士の果たす社会的意義ややり甲斐は素晴らしいものがあると考えていますが、同時に、娘がワークライフバランスをとりながら弁護士として活躍したいと考えたときに、自信を持ってそれが可能だと言い切れる弁護士の世界であってほしいと思っています。私自身、ボス弁として、そのような世界を実現する一助になりたいと願っています。

近年は、Zoom等を利用したリモートワークツールが急速に充実して

きました。在宅での打合せや起案等も容易になり、ワークライフバランスを確保するためのイノベーションが一気に進んだという印象があります。実際、私の知り合いのボス弁も、東京から離れた地域に自宅を購入し、月の半分以上はリモートで業務を行っているという人もいます。私も、打合せの30％くらいはリモートにして、午前中は自宅で業務を行い、昼過ぎから事務所に出る日を増やすなどして、家族の時間を多少確保できるようになってきました。

弁護士の「働き方改革」が達成される日も近づいているのかもしれません。

□ 弁護士であることと父親であること

弁護士15年目　男性／中規模事務所パートナー

私には執筆時点で中学生の娘がいます。一般論のようなことにも言及していますが、男性、女性、父親、母親の語句は伝統的な用法で使用しています。全面的に賛同を得られるものではなく、批判のあることも承知しております。

まず、最初に確認しておきたいこと。これは当然ですが、子どもは母から産まれるということです。男性は子を産みたくてもできません。私が司法修習生の頃、妻の出産に立ち会うことができました。妻は、陣痛に襲われるたびに、立ち会ってくれた妻の母親に「お母さん！　お母さん！」と何度も必死ですがっていました。分娩が終わるまで、私の名を呼ばれることはありませんでした。ただ寄り添っていただけで、何もできませんでした。母親にはかなわないと思った瞬間です。母親はすごい！

子育てにおける父親の役割。乳幼児期における役割も母親にはかないません。子を母親に連れ去られた父親から依頼を受けて、監護者指定・子の引渡しの審判申立事件を受任したことがあります。依頼者はとても子どもを可愛がっていました。そばで見ていてあまりに気の毒だったので、私は少しでも励ますことができれば、励ますことができなくてもせめて気分転換になればと、(滅多にこのようなことはしないのですが）依頼者を誘って一杯飲みに行きました。行きつけの飲み屋の貫禄あるママは「どんなにできが悪くても、小さい子には母親が必要なのよ」と語りました。正直なところ、「(私が行きつけの飲み屋の）ママに会わせるんじゃなかった」と思いました。依頼者を励ますどころかがっかりさせてしまったかもしれません。他方で、ママは真理の一部を説いているように思いました。男性は授乳できません。言葉を話せない乳幼児が泣いていても、なぜ泣いているのか母親ほどにはわからないことが多いと思います。

では、父親の役割は何でしょうか。もしかするとその役割に意味はないのかもしれません。優等生的な回答をするとすれば、母親が心身ともに良好な状態で循環できるようにサポートすることでしょうか。私はその割には仕事にかまけて、飲み歩いてきました。子が就学する頃になれば、「父親の役割は子どもに社会を伝えることだ」、「あるべき社会人としての姿を示すことだ」などという意見を時折耳にします。しかし、これも母親よりも父親の方が社会性が豊かであることを根拠なく前提にしたもので、とても受け容れられるものではありません。実際、私の家庭でも、お世辞抜きで、妻（専業主婦）の方が、社交的で、社会性豊かではないかと思います。

こう考えますと、子どもとの関係では、父親は直接役立てることはなく、母親を通じて間接的に子どもの成長のそばにいさせていただくことだと、現時点では整理しています。せめて子への悪影響は及ぼさないように、子どもの前では母親（妻）を立てて、精一杯褒めていこうと思います。言うは易し、行うは難しですが……。

神様は男と女をつくってそれぞれに異なる役割を与えたのだと思います。父親の役割は何でしょうか、神のなす業ですから、無意味だということはないはずだと信じて、今日も仕事に頑張ります。母親に最大限の尊敬を払い、労りを与えることを忘れることなく！　子どもの生活や心の動きにももっと関心を持って！

Rule

14 趣味

▸ よく遊び、よく遊べ

――趣味は、日常の業務のストレスから心を解き放ってくれる。趣味と仕事を峻別するのも１つのあり方。他方で、趣味を楽しむ時間の中で、未来のクライアントと出会う機会が生まれるかもしれない。趣味を仕事に活かすのも１つのあり方。どちらのあり方にしても、「できる弁護士」は全力で趣味に取り組んでいる。しっかりと遊べ！

日々業務に追われていると、趣味の時間を確保することが、なかなかできないものです。

ただ、そのような忙しい時間の中でも、趣味の時間を確保することによって日常の業務のストレスから解放されることができます。仕事から完全に離れて心身をリフレッシュすることによって、再び過酷な業務の毎日に立ち向かっていくことができるでしょう。

一方で、趣味の時間は、新たなクライアント候補と出会う機会を生む可能性を秘めています。趣味が合えば、既存のクライアントとの距離を一層縮めることも可能というものです。よい仕事をし、よい顧客関係を築くためには、趣味は極めて重要な役割を果たすともいえます。

あなたは、そんな趣味を持っていますか。

もし、今は特段の趣味を持っておらず、これから新たに趣味を持とうと思っているのであれば、趣味に取り組む目的を何に求めるのかを明確にしておくことをおすすめします。好きなことに取り組むことで弁護士業務から完全に解放されたいと考えるのか、好きなことに取り組みながら新規顧客の開拓もしたいと考えているのか。

いずれにしても、遊ぶからにはとことん遊ぶこと！ が大事です。

以下にご紹介する体験談は、趣味の効用を明らかにするとともに、趣味の主目的をどう考えるべきかについても示唆に富んでいますので、ぜひ参考にしていただきたいと思います。

体験談1

趣味と人との縁

弁護士13年目　男性／中規模事務所経営

思いがけないところで

私は受験生のときに、思いつきで友人とラジコンを始めました。何となく始めたラジコンですが、始めてみると思っていた以上に奥が深いもので、その友人と一緒にサーキットや、その道のマニアの方たちが集う場所へ顔を出すようになり、弁護士になってもそれは続いていました。

どの趣味にもコミュニティというものはあるもので、同じ趣味の人が集うところにいつも行っていると顔を覚えてもらい、自然と声をかけてもらえるようになります。趣味を楽しみに来ているから、最初は自分が弁護士であることなどひと言も言いません。しかし、仲がよくなれば、ある時に「そういえば、◯◯さんって、お仕事なにしてるの？」と聞かれるときが来ます。どんな趣味でも、一生懸命に取り組み、楽しんでいる人の間では、趣味を通じて人柄が伝わります。これは、趣味を通じた出会いのよいところです。弁護士であることを抜きに人柄で信頼を得ていると、自然に、身近な相談や、その人の知人の困ったことについても相談されるようになり、結果として仕事の紹介を受けられることもあります（言うまでもないことですが、離婚、相続や交通事故は誰の身にでもふりかかるトラブルです）。最近は仕事が忙しく、なかなかラジコンをいじることができていないのですが、今でもラジコンを通じたつながりから、仕事をいただくケースは多いです。

ちなみに、一緒にラジコンを始めた友人は、趣味を通じて一生付き合える親友になり、友人の実家の会社は今でも私の大事な顧問先の１社になっています。

鉄板ネタ

また、私は小学生の頃から野球を始め、弁護士になっても野球を続けています。プレーするだけでなく観る方も好きで、毎年夏は１人で関西に行き、朝から晩までずっと甲子園球場で高校野球を観ています。長年、高校野球を観ていると、高校名の多くは地名がついているので高校名を聞けばどの都道府県かがわかるようになります。

若い頃は年の離れた年輩の方と共通する話題が少なく（逆に、ベテランになれば若い人との共通点が少なくなるかもしれません）、ちょっと間が空いたときの雑談の話題に困ることが多くあります。特に調停の場合は待ち時間が長く、かといって自分の仕事もすることができないので、話題がないとかなり苦労します。

意外にプロ野球は観ないけれど高校野球は観るという人は多く、地元のことを話して悪い気になる人は少ないので、ちょっとしたことから依頼者・相談者の出身地を知り、その都道府県の出場校のことや、もし甲子園の常連校が地元であればその話題で盛り上がることがよくあります。

仕事の話ばかりでなく、ちょっとした間の雑談ができれば、依頼者とのコミュニケーションはうまくいくようになるので、趣味は話題づくりにも大いに役立ちます。

体験談 2

何事もよこしまな気持ちでは マイナスにしかならない

弁護士９年目　女性／中規模事務所勤務

自分に合った趣味を見つけよう

弁護士という仕事をしていて、「先生の趣味は？」などと単刀直入に聞かれることはあまりないでしょう。趣味について語れるか語れないかはどちらでもよいように思います。ただ、自分が個人的に一生懸命やっていることや、興味を持っていることについて話せることは、第三者に対して自分のことを知ってもらえるよいツールですし、会話もはずみ、相手に安心感を与えて話しやすくなる可能性は十分にあります。

ただ、第三者との話をはずませるため、おつきあいのためというだけで中途半端に趣味を持つことは、私としてはおすすめできません。自分が楽しくないのにその時間をとられるのは時間の無駄ですし、自分が興味を持って楽しんでいないのにその場に参加することは周りの人から気を遣われることとなりかねません。

この体験談のタイトル「何事もよこしまな気持ちではマイナスにしかならない」は、私が考えたものではなく、80歳を超える重鎮の先生とお話をさせていただいたときに、その先生がおっしゃった言葉です。趣味だけでなく全てのことに言えるとおっしゃっていました。つまり、趣味を楽しむことを目的とするのではなく、その場での出会いや仕事を求めて参加しても、それは結局のところ自分にとってマイナスとなる、ということです。

とはいっても、興味があるかないかはやってみなければわかりませんので、誘われたらまずは入り込んでみる、そして一生懸命その楽しみを理解しようとする、そのための努力は必要かと思います。私自身、今、「ゴルフが趣味」と語っていますが、始めた時は何が楽しいのか、さっぱりわかりませんでした。それでも、何が楽しいのかを知らずにやめるのは悔しいと思い、しばらくは辛かったですが練習やラウンドを続けていたら、気が付いたら完全に大好きなものになっていました。

ゴルフを始めたきっかけは、上司に勧められて、というどちらかというと「よこしま」に近い方の動機だったかもしれません。きっかけはそれでよいと私は思います。ただ、始めた後、どんなにやっても面白さがわからないものを続けるというのは、あまり得策とは思えません。何事も始めたばかり、というときには周囲も温かい目で見てくれます。しかし、そこからずっと変わらないのであれば、逆に成長がない、という評価につながるともいえます。上達の必要はありませんが、上達したいという思いと、あとは好きでやっているという姿勢が見えることが必要だと思います。そうでなければ楽しそうにも見えず、上達しないことの言い訳ばかりが目立ち、周りは好きな人が集まっているわけですから、その人たちから見て、悪い印象になってしまうと思うのです。そういう意味で、人づきあいのため、という目的だけの「趣味」は、全く意味がないか、むしろマイナスに働くと思います。

繰り返しますが、きっかけは「よこしま」でもよいと思うのです。ただ、しばらく努力をして、それでも面白いと思えない、と思うものは「みんながやっているから」とか「仕事に必要だから」という理由で続けることはしない方がよいと思うのです。

では、しばらくの努力とは何が必要なのでしょうか。全ての趣味に通じるかと思い、あえてゴルフの話で続けたいと思います。

ゴルフを含めスポーツにはまず、基本的なルールやマナーがあります。これは始めたばかりの人でもすぐに習得できるものです。技術はさておき、この部分を最初の段階から把握しておくことは必要です。ゴルフの場合は特に、この部分をきちんと守っている人は、技術はどうであれ悪い印象を持たれることはないのではないかと思うほどです。ルールについては、本に載っているものと、そうでないものがあるので、自分で調べることと、先輩や経験者に聞いてきちんと学ぶ姿勢が大事です。

ゴルフなら、ルールブックに載っていない事項の例として、「ゴルフ場によってドレスコードの指定が違うので、事前にホームページやゴルフ場に確認をする」、「ボール確認に行く際には、想定できる範囲の必要なクラブを何本か持っていき、なるべく発見後に取りに戻る必要がないようにする」、「ティーショットを誰かが打っているときには、前の組が打っているときも含め会話をしない」、「グリーンのカップ周りを踏まない。カップインしたボールをとるときは少しカップから離れた場所から手を入れてとるようにする」などです。まだまだありますが、これらができているかどうかで、同伴者の印象が大きく異なることになります。

ゴルフが好きな私からすると、ゴルフ場でのコミュニケーションや、ゴルフを話題にした会話は人間関係をスムーズにすることができます。そして、結局机の前で向かい合って話をするより、自然と格闘しながらコミュニケーションをとる方が断然理解につながります。また、自分の人となりや仕事の内容を自然な形で理解してもらえるので、（またゴルフ場かもしれませんし、別の場所かもしれませんが）お知り合いをご紹介いただけるきっかけともなります。私たちの仕事は、さまざまな分野の方々から、その分野のお話をうかがうことが必要となってくる場面がたくさんあります。そのための人脈づくりとしては最適な場所といえます。これは弁護士以外の方との交流の必要性ということにもなりますが、ゴルフは一例で、趣味を持つというのは、そういったメリットがあることは間違いありません。

人脈づくり、という意味で始める必要はありませんが、結果としてそうなったり、仕事につながることは大いにあるため、自分に合った趣味を見つける努力は惜しまないようにすべきだと思います。

ボス弁の視線

趣味の目的は楽しむこと。ただ、結果的に営業につながることは少なくない

弁護士になりたての頃は、やるべきことや学ぶべきことが多く、仕事以外に時間を割くことが大変かもしれませんが、できる限り仕事以外に趣味等の時間を持つことが重要です。

弁護士の仕事の多くは人々の紛争に関わることから、どうしても仕事をしていくうえで強いストレスにさらされます。日々積もり積もる精神的負担や体力的負担をどこかで発散できなければ、遅かれ早かれ、いずれそのツケが回ってきます。仕事を離れて没頭できる趣味は、このような負担を解消できる手っ取り早い方法の１つです。

また、最初は事務所の事件をこなしていくことで手一杯でしょうが、余裕ができてくれば自分の事件も増やしていきたいと思うことは多くなるはずです。趣味を通じた人脈というものは、自分の事件を増やしていくうえで大きなツールになります。ただ、こちらを主眼にしてしまうと、結局は長続きせず、うまくいかないことが多いので、まずは趣味を楽しみ、結果的に営業開拓できればという程度で構わないでしょう。

さらに言えば、弁護士以外の人と趣味のコミュニティを持つべきです。なぜなら、弁護士同士であれば、趣味を通じてのつながりであったとしても、どうしても話題は仕事関係のことになりやすく、完全に仕事から離れるのが難しいためです。また、弁護士から仕事の紹介を受けることもありますが、あくまで紹介者がいてのつながりになってしまい、そこから広がりをつくることはなかなか難しいためです。もちろん、趣味を通じて他の弁護士と交流を持つこともいろいろ役立ちますから、弁護士同士での趣味のコミュニティを持つことを否定するわけではありません。例えば、ゴルフが趣味であれば、弁護士同士でゴルフも行くし、弁護士

以外の人ともゴルフに行くといったようにすればよいと思います。

ボスの奥の手

私自身は長唄を25年以上習っており、同じ師匠の同門でつくる長唄の会や、事務所周辺の長唄の会に所属しています。長唄の会には経営者や士業の方が多く、このコネクションだけでも、かなりの件数の顧問先や案件紹介を受けることができています。費用はかさんでも、有名な師匠筋に習っていると同門の方々もレベルの高い方が多くなり、大変よい人脈に恵まれていると感じます。もっとも、これは結果論であり、そうした人脈をつくりたいがために習っているわけではありません。

ただ、長唄等の伝統文化系以外でも、乗馬やヨットなど結果的によい人脈に恵まれる可能性の高い趣味があることも確かといえるでしょう。よこしまな気持ちで始めても何もよいことはないけれど、仮に興味がある分野がこうした趣味と重なっているのであれば、本格的な一歩を思い切って踏み出してみるのもよいかもしれません。

Rule

15 SNS、メーリングリストの利用

▸ クリック一瞬、後悔一生

——SNSでは誰もが主役になれる。メーリングリストでは便利に情報共有ができる。しかし、そこには思わぬ落とし穴があることも。便利なツールを利用するにあたっては、そのデメリットや問題点も把握しておく必要がある。

FacebookやTwitter、Instagramなどのソーシャルネットワーキングサービス（SNS）は、今やほとんどの人が使っているコミュニケーションツールです。

こういったサービスを利用すれば、小学校卒業以来会っていなかった友人とやり取りができたり、久しぶりに会う人でもまるで頻繁に会っているかのようなコミュニケーションができたりするようになり、そこから仕事につながることも少なくありません。また宣伝広告のための情報発信ツールとしても有用です。

しかし、そこには落とし穴があります。

また、多くの人がどこかのメーリングリストに参加しています。世代やキャリアを問わず、内輪の情報交換ツールとして業務上も大変に活躍します。SNSとは異なり閉ざされたメンバーのみですが、個人的な友人だけでなく感覚の異なる幅広い世代に、いやおうなく配信されるため、そこにはマナーが必要となります。

体験談 1

インターネット上に存在しなければ、いないも同じ？

弁護士3年目　女性／小規模事務所勤務

インターネット上での見せ方、見られ方

「そちらの事務所は本当に実在するんですか？」、そんな電話がかかってきました。電話の相手は、先週、私が内容証明郵便を送った相手方。差出人である私の名前をインターネット上で検索したところ、事務所のホームページはおろか、口コミが1件も表示されないため、新手の振り込め詐欺だと思ったようでした。

最近は、依頼者・相手方にかかわらず、弁護士に連絡をとる前に、まず弁護士名で検索をする時代になりました。弁護士は、インターネットの検索結果によって、まず予断を持たれることになります。インターネット上の情報から、自分がどのような弁護士として見られるのか。一歩間違えれば業務に支障を来すこともあるので、情報管理や見せ方は非常に重要だと思います。

私が所属している事務所はホームページがなく、ボス弁は紹介の依頼者が多いことからホームページの作成に乗り気ではありませんでした。私としては、個人事件を受任するための方策として、気軽に名刺代わりになるFacebookとTwitterを始めてみることにしました。始めてみると、SNSは自分の望む情報を思うがままに発信できるので便利な反面、問題も多いことがわかりました。

Facebookの活用法

私は、Facebookに登録し、日常の業務の紹介や、ちょっとした出来事などを投稿するようになりました。中小企業の社長や異業種交流会で知り合う人などは皆SNSを利用しています。直接のメール・電話連絡はハードルが高いですが、投稿に「いいね！」をしたり、簡単なコメントをするだけで交流が保たれ、お互いの人柄もつかみやすいため、顧客の獲得にも一役買うようになりました。

しかし、Facebookは１人１アカウント、本名登録が原則です。そのため、私のFacebookでは仕事上で知り合った人だけではなく、地元の同級生といった昔ながらのプライベートの友人ともつながっており、その友人たち全てが私のFacebookがビジネス用途もあることに配慮してくれるわけではありません。顧客には別件で出張と伝えて、実際は高校の友人と平日にゴルフに行っていたところ、参加者皆で撮った写真にタグ付けされて、Facebookにアップされたときにはとても気まずい思いをしました。後でアクティビティログからたどってタグ付けを削除しましたが、Facebookを逐一追っているわけではないので、目にした顧客もいたと思います。今後は、いきなり表示されないようにFacebook上の設定で、タグ付けに関して、承認がないと表示されない設定に変更しました。

最近は、商用利用（屋号や会社名、サービス名）できる「ページ」という機能があり、そちらに弁護士○○という「ページ」をつくって投稿することも始めました。周りにも、事務所自体の「ページ」をつくっている弁護士もいます。

また投稿するときには、いわゆる「なう」の投稿は避けるようにしています。ある事件の相手方代理人がかなり遠方の人だったのですが、期日に出席した依頼者が、相手方代理人は昨日から東京入りしており、相手方と念入りに打合せをしていると言ってきました。なぜ知っているのかを尋ねたところ、相手方代理人のSNSに、「今から東京へ向かう！ 着いたらすぐに打合せです！」という投稿とともに空港の写真がアップされていたからだというのです。相手方代理人のSNSには特に事件関係の情報が掲載されていたわけではないようですが、事件関係者が閲覧したら複雑な気持ちになると気づかされました。SNSは相手方や依頼者も見ている可能性があることを意識する必要があります。たとえ、どこの支部に出張に来ているといった程度の間接的な内容であっても、取扱事件に関する情報は、投稿すべきではないと思いました。

Twitterの活用法

Twitterは情報収集のために使っています。昨今、弁護士だけではなく裁判官や検察官もTwitterをやっており、そこで紹介されている記事や見解はとても参考になります。Twitterでは本名登録をする義務はありません。私はとりあえず、弁護士ということを明らかにはしましたが、本名は伏せてTwitterを始めました。本名を出してツイートをすれば、人柄もわかりやすく宣伝になる面もありますが、Twitterは140文字という短い文章しか投稿できないため、投稿の趣旨を誤解されることも多いと思います。また、弁護士としての投稿が広告と見られる可能性があるので、日弁連の広告に関する規定、指針にも留意する必要があります。

また匿名の利用者が大半なので、一方的に失礼な返信をしたり暴論を吐いたりする人、独特な用語などもあるので、まずは慣れて雰囲気を学ばないと使いこなせないツールだなと感じます。炎上する弁護士アカウントも数多くあります。

あるとき、Twitter上で著名な弁護士が、事件の相手方代理人になったことがあります。私はその弁護士のアカウントをフォローしていたのですが、その弁護士のツイートの内容が明らかに私の担当事件に関することで、相手方の進行状況がわかってしまったことがありました。第三者が読めば当事者は特定できませんが、関係者が読めばすぐに自分のことだとわかる内容です。よもや相手方代理人が見ているとは思わなかったのかもしれませんが、当事者本人が読めばさらに気分の悪い思いをしたに違いありません。

SNSのリスク

最近、同期同クラスの友人が移籍の挨拶状をくれたので、名前を検索してみました。そうすると、悪徳弁護士というコメントとともに、友人の写真、経歴、家族構成や妻や子どもの名前、子どもの通っている学校、趣味・思想などが、まとめサイトにアップされていました。

同期会で友人に事情を尋ねたところ、インターネット上の投稿削除事件を受任し仮処分決定を得たところ、逆恨みした投稿者が「悪徳弁護士」というコメントを付したうえで、過去のSNSの情報をまとめて個人情報をさらしたとのことでした。投稿者は何人もの別人を装い、大多数の意見のように記載したためネット上で話題となり、さらに友人が投稿者の行動に反論するレスを実名で書いたところさらに炎上してしまったということでした。自分の名前を検索すると、誹謗中傷するまとめサイトが一番上に表示されるようになり、相談件数が減ったように思うとぼやいていました。

インターネット関連の事件を受任するときには、利用者に叩かれて炎上する可能性があり、そうなると業務に支障を来すことになります。インターネット上の自分の情報をきちんと整理・管理することが肝要だと思います。

体験談２

メーリングリストの活用

弁護士10年目　男性／小規模事務所経営

メーリングリストのメリット

メーリングリストとは、あらかじめ登録してあるメールアドレスから、１つのメールアドレス宛にメッセージ発信をすれば、登録されている全てのメールアドレスにメッセージが配信されるサービスです。メーリングリストの管理者の許諾がなくても、誰でもメーリングリストに登録できる公開型メーリングリストと、登録に管理者の許諾を必要とする閉鎖型メーリングリストのサービスがあります。公開型にするか、閉鎖型にするかは、メーリングリストの管理者が設定をすることになります。

このメーリングリストのサービスを無料・有料で提供するサイトがあるほか、レンタルサーバーの付属機能として提供されることもあります。

このメーリングリストというツールは、弁護団で事件を担当する場合に、即時に情報共有できるため、大変に便利です。従来は、期日直前に相手方から送られてきた準備書面を弁護団で情報共有するためには、弁護団の事務担当者がFAXで全弁護団員に送信しなければなりませんでした。しかし、メーリングリストのサービスを使えば、即時に情報共有でき、しかも費用がかかりません。

メーリングリストの中には、Web掲示板の付加機能として位置づけられているためにWeb掲示板を閲覧すれば過去の投稿メッセージが一覧できるものや、件名に独自のヘッダーが付され、自動的に投稿番号が振られるため、後日メールを容易に検索できるものもあります。メーリングリストを通じて、グループ間でやり取りしていると、弁護団の一体感が醸成されることもあり、仕事のうえでも大変有効なツールです。

メーリングリストによる秘密漏洩事件

メーリングリストのサービスには落とし穴があります。

ある刑事事件の弁護団で裁判員裁判の候補者名簿等がメーリングリストでやり取りされていましたが、メーリングリストの管理者がその設定を誤って、公開型の設定にしたまま運用がなされていた結果、不特定多数が閲覧できる状態だったことが新聞で報道されました。メーリングリストによる情報漏洩事件です（日本弁護士連合会情報流出問題調査チーム「メーリングリスト（掲示板）の公開設定等に関する調査報告書」2012年３月14日参照）。

仮に、閉鎖型のメーリングリストでやり取りをしている場合であっても、メーリングリストはメーリングリストのサービスを提供する会社のサーバーを介することから、メッセージの内容は、メーリングリストのサービスを提供する会社のサーバーに残ることになります。メーリングリストの利用規約には、投稿のあったメッセージが開示される可能性があることに言及しているものがあり、このようなサービスは、弁護士の守秘義務との関係で、利用に適しません。

デジタル媒体の場合、紙媒体とは異なり、いったん外部に漏れた情報は、無限に劣化せず複製され、被害の回復が不可能となるため、特に注意が必要です。

なお、東京弁護士会では、刑事事件の弁護団でメーリングリストを利用する場合には、東京弁護士会のサーバーシステムを使わせてもらうことができます（国選事件の場合は無料）。

メーリングリストを利用する際のマナー

メーリングリストに登録し、自ら投稿する場合、他の参加者への配慮が必要になります。メーリングリスト利用におけるマナーについて確認しておきましょう。

❶大きなサイズの添付ファイルは投稿しない

メーリングリストで送信することができる添付ファイルの容量には制限がある場合がほとんどです。たとえ送信できる場合であっても、特段の必要性のない限り、１メガバイトを超える添付ファイルは送らないようにしたいところです。

なぜならば、受信側によっては、メールを外出先等の通信速度の遅い環境で受信することもあるからです。そのような場合、大きなファイルを受信することに長い時間や高い通信料金がかかってしまうからです。

こういった場合、ストレージサービスにファイルをアップしておき、保存先URLを示し、必要な人にダウンロードしてもらう等の配慮が必要です。また、添付ファイルの著作権にも配慮が必要です。

❷個人的なやり取りはしない

メーリングリストに投稿するメッセージは、参加者全員に配信されるものです。そのため、参加者内の特定の個人間の個人的なやり取りであって、他の参加者に伝える必要のないものについては、メーリングリストを使用しないようにすべきです。メーリングリストの管理者になった場合には、あらかじめメーリングリストの利用規約等を定めておくことが望ましいでしょう。

体験談3

情報の発信場所

弁護士5年目　男性／中規模事務所勤務

発信場所の多様化

インターネット上では、情報の発信場所がどんどん多様化してきています。ソーシャルネットワーキングサービスと呼ばれる、ユーザー相互の交流を図るツールとしては、Twitter、LINE、Facebook、Instagram、Clubhouseなどが驚くべきスピードでインフラ化しており、新型コロナウイルス感染症に関するアンケートを、LINEを通じてユーザー(国民)に実施したのは記憶に新しいですね。

また、ソーシャルメディアと呼ばれる、相互交流は予定せず、発信者と受信者を明確に区別するツールとしては、YouTube、TikTok、Voicy、noteなどが登場しており、これらは、旧来のテレビにとって代わり、チャンネルをザッピングするという体験はなくなって、「コンテンツを自分で検索・選択する」ことが当たり前になりました。これに伴って、広告の掲出場所やタイミングもどんどんと変わっています。

このように、1億総発信者時代もそう遠くないと感じさせるくらいの状況のため、弁護士として情報を発信しようと思うと、どの場所を選ぶべきかを迷わざる得ない状態です。

1記事からでも販売可能

私は、noteを利用して、1,000〜2,000文字の記事を投稿しています。noteでは、Webブラウザからも、スマートフォン用のアプリケーションからも、記事・写真・画像・音楽・動画などのコンテンツを投稿して、一般に公開することができます。

このnoteで記事を作成すると、記事の公開の際に、無料で公開するか、有料で公開するかを選べ、有料とする場合には、記事の全体を有料にするか、記事の一部のみを有料にするか（ネット新聞などでよくある、「ここから先は有料」といったイメージです）を選択できます。また、仮に記事自体を無料で公開しても、末尾に「サポート」ボタンを用意しておけば、記事を読んで内容等に共感した人から、「サポート」といって金銭をギフトしてもらえる機能も付いています。

弁護士といえば、従来は、書籍を出版できるくらいの分量の執筆活動をするか、インターネットに投稿する有益情報については、末尾に「法律相談のお申し込みはこちら」として、当該記事に興味を持った読者が、法律相談や、事件の依頼をすることを期待する、いわば無料のチラシのような２択が一般的でした。そのため、１記事から販売できるというnoteのサービスは、衝撃的であり、弁護士でも、すでに、それなりの人数の利用者がいるように思います。

私の場合には、法律専門記事というよりは、これまでの経験や体験などをライトに記載して、人となりを知ってもらうきっかけとして、無料記事中心、内容的に少し踏み込んだことなどを記載する際には有料記事化するという棲み分けで使っていますが、ありがたいことに、コンスタントに１記事あたり、当日中に100ビュー（当該記事がクリックされた回数）程度を得ることが多くなってきました。

見たいときに、いつでも

note以外にも、YouTubeを活用しています。具体的には、とある団体向けに２週に一度行っているZoom講義（30分）を、毎回録画し、この様子をYouTubeにアップロードしています。

この方法だと、あえてYouTubeにアップロードするための動画撮影をする必要がないこと、講義の多くは画面共有機能でスライドを表示しているだけのことが多く受講生に迷惑がかかるリスクも少ないこと、講演依頼をされるかもしれない相手にURLをコピーして渡すだけでポートフォリオとして自分の講義の様子を見てもらえること、などメリットが多いです。

もちろん、YouTube上で完全に一般公開する（URLを知っている者のみしか視聴できない「限定公開」の設定にして、クローズドな範囲のみにURLを教えるやり方もあります）わけですから、他者の権利を侵害しないようには気を配っています。例えば、講義やプレゼンで、漫画のキャラクターを登場させて、面白おかしく解説・プレゼンする例がありますが、当該漫画の著作権が期限切れとなっていたり、包括的に利用許諾をしているなどの事情がない限り、著作権侵害（複製権・公衆送信権の侵害）となってしまいます。

また、内容の正確性についても、わかりやすく講義をしようとすればするほど、例外などを大胆にカットして話さなければならない場面などがあるため、「本日の講義では、例外部分を大幅にカットしている部分がある」などと注釈を入れなければならないこともあります。

それでも、これらの点に気を付けながら講義を行えば、この講義動画は、24時間365日、自分に代わって誰かに有益な情報を提供し続けてくれる影分身になり得ます。ついでに言えば、その講義をYouTubeで見つけて、視聴したことをきっかけに受任につながれば、広告費無料（正確には講義撮影にかけた時間分の人件費？）の広告が成立します。先に述べたとおり、動画内の「影分身」は、24時間365日フル稼働です。

心構え

以上のとおり、SNSをうまく使えば人となりや、実力をアピールできる場になり得ますが、次の点に気を付けることが肝要です。

❶タイムリーすぎる投稿は控える

…時機の失敗だけは取り返せないことが多いです。

❷職場内の人間に関する投稿も控える

…万一があったときに自分で責任がとれる範囲内にする。

❸投稿した後、一度「読者」になって読んでみる

…問題があったらすぐに修正・削除できるようにする。

ボス弁の視線

止めるに止められず

弁護士は、1人ひとりそれぞれが自覚と責任を持って活動していくべきものですので、私の事務所では、SNSの利用についてはそれぞれの判断に任せています。

ただ、最近では、SNS投稿がいわゆる「炎上」をしたり、SNS上での誹謗中傷で損害賠償に発展するといったケースも増えています。弁護士は品位保持義務がありますし、また厳格な守秘義務も負っていますので、安易な投稿が原因で身を滅ぼすようなことにならないよう、十二分に注意を払う必要があると思います。

上手に使えないなら使わない、という選択肢もありますが、時代に応じたツールを使いこなすというのも弁護士の重要な処世術の1つです。必要以上に臆病になる必要はありませんが、利用するからには、メリット・デメリットを十分に把握したうえで、適切に利用してほしいと思います。

Rule

16 ITデバイスの活用

▸ IT弁護士は I（意識）T（高い）弁護士？

——現代社会を生き抜く弁護士にとって、ITデバイスは今や必須のアイテムである。しかし、ITデバイスに潜むリスクを管理できないようでは失格である。きちんとしたリスク意識を持ったうえでITデバイスを活用する必要がある。

ITデバイスを使えば、これまでは紙に書いていたメモだって、直接Wordファイルに打ち込むことができ、その後の作業の効率も格段によくなります。法律相談においても「交通事故」・「相続」・「離婚」・「債務整理」等のテンプレートを作成しておけば効率よい聞き取りが可能になります。

最近は音声を認識して文章に起こしてくれるソフトもありますし、ノートパソコンも持ち運びを重視したタブレット型や超軽量型が主流になりつつあります。

情報の共有についても、これまでのように人数分のコピーを用意して配る必要はなく、メールで一斉送信すればよくなりました。今後は、さらにクラウド化が進んでくるかもしれません。

民事裁判手続のIT化が始まり、Web会議期日も行われるようになってきました。今後さらに、このIT化は進められていくようです。

このように、これからの弁護士は、ITデバイスを活用することが必須といえるでしょう。

しかし、便利になればなるほどリスクがつきまとうものです。

ITデバイスという便利な機器に頼りすぎてしまい、リスクの管理ができていなかったり、効率を重視するあまりにクライアントの心情等に寄り添った対応をおろそかにしてしまったりはしませんか？

IT弁護士が気を付けるべきことについて、3つの体験談をご紹介します。

体験談1

ITデバイスも、使いよう

弁護士3年目　男性／中規模事務所勤務

便利に見えるITデバイスも、使い方に気を付けなければ依頼者の信用を損ねてしまうかもしれません。

相談は依頼者の顔を見て

私の知り合いの弁護士の話です。

同期の弁護士ですが、仕事用に新しいタブレットを購入したことから、「これからは法律相談もタブレットのメモを使ってやった方が効率がよいだろう」と考え、「交通事故」・「相続」・「離婚」・「債務整理」など法律相談用のさまざまなテンプレートを準備し、法律相談に備えていました。

そしてある日、新件の法律相談の予約が入った際、ついに法律相談にタブレットを導入することにしました。

そのときの法律相談は、高齢のおばあさんが相談者で、息子と娘にどのように財産を分配したらよいか、また、そのときの税金はどのくらいになるか、というものでした。
おばあさんの話はすぐに脱線してしまい、なかなか重要な部分が聞きとれませんでしたが、その弁護士はおばあさんの話にしっかり相槌を打ち、その内容をタブレットに打ち込んでいきました。
弁護士の方も、法律相談をしながらのタイピングは若干不慣れではありましたが、相談者の話を漏らさずメモすることができたと思って、ひとまず話を聞き終わったそうです。
しかし、いざ話が終わって、今後の流れを説明しようとおばあさんの方を見てみると、どうもおばあさんの反応がよくない……。
どうしたのかと思って、メモをとるのをやめ、雑談を交えて話をしていくと、結局、同じ話をほとんどもう一遍繰り返されたそうです。
そのときに、ようやく弁護士も気づいたそうです。
「依頼者は、弁護士に話を聞いてもらいに来ているのだ」と。
特に、高齢の相談者の場合は、弁護士が下を向いたままキーボードを打ち込んでいると、「本当に話を聞いてくれているのかな？」と心配になってしまうようです。
メモをとったり、その後の作業効率をアップさせるためには、ITデバイスを使ってメモをとったりすることも重要ですが、依頼者の顔を見て話を聞いてあげることが、意外と一番重要なことかもしれませんね。

依頼者からのイメージが大事

近年、自身の書面だけでなく、相手方や裁判所からの書面等の訴訟資料をPDF化してノートパソコンやタブレット等に取り込み、期日の際に記録を持たずにデジタルデバイスで対応する弁護士も増えてきています。
確かに、膨大な訴訟記録が存在する案件や、遠方の案件であれば、PC等のデジタルデバイス１つでいけるということになると、そちらの方が明らかに合理的です。

しかし、ITデバイスには情報流出の危険性もあるほか、依頼者との関係でもイメージの問題がつきまといます。つまり、残念ながら、依頼者の中には、「弁護士が重い記録を持って訴訟に臨んでいる」という姿を見て、「自分のために頑張ってくれている」という安心感を得る方がいるのです。そんな依頼者は、相手方が大量の記録を持ち込んでいるのに、自分の弁護士がノートパソコンやタブレット１つで対応しているのを見ると、なんとなく心細くなるようです。

私の先輩の弁護士は、「弁護士から連絡が頻繁にあると依頼者は安心する」、「わからないことは、何回でも依頼者に聞いた方がよい。依頼者と頻繁にコミュニケーションをとる中で話を聞いていけば、聞きもらした部分も確認することができるし、思い違いも防ぐことができる」ということを話していました。

このように、頻繁なコミュニケーションを好む依頼者がいる一方で、電話や面会等だと時間をとられるので都合のよい時間に返信できるメールでのやり取りを好む依頼者もいます。結局は、依頼者の個性や属性に合わせて、使用するコミュニケーションツールを使い分けながら案件を進めることが大切なことのようです。

体験談 2

情報漏洩にはご注意を

弁護士６年目　女性／中規模事務所勤務

機密情報の扱い方

令和２年からのコロナ禍によってリモートワークが劇的に進み、今はどこにいても仕事ができるようになりました。しかし、そんな便利な時代だからこそ、情報セキュリティには人一倍気を遣いたいものです。特に、弁護士は依頼者の重要な機密情報を預かるため、一度情報流出等のミスを犯してしまうと、依頼者からの信頼を大きく失うことは間違いないでしょう。場合によっては情報漏洩が原因となって依頼者から懲戒請求を受けてしまうこともあり得ます。

スマートフォンやタブレットなどのITデバイスを紛失しないように注意することはもちろん、もし紛失してしまったとしても、万が一にも情報が漏洩しないようにするための対策が必要です。

重要なデータの保存方法について

データの保存の仕方については、各事務所や会社ごとにルールがあると思いますので、そのルールに従うことになります。

そのうえで各自が意識しなければならないことは、独断でクラウドサービスを利用してデータを保存するなど、ボス弁護士や上司がわからない場所にデータが保存されている状態をつくらないことです。

万が一にも自分の独断で利用していたクラウドサービスからデータが流出してしまった場合、全て自己責任となってしまいます。業務効率向上のために利用したいクラウドサービス等がある場合は、ボス弁護士や上司に相談して許可を得てから利用するようにしましょう。

こうしたクラウドサービスを利用する場合にも、セキュリティ面での注意は必要です。クラウドサービスを提供している会社も当然にセキュリティに気を遣っていますが、大容量のデータを預かっているという性質上、サイバー攻撃の対象になる可能性も格段に上がります。万が一の事態を避けるためにも、重要なデータをクラウド上で保管し続けることは避け、必要なデータをダウンロードしたら、その都度クラウド上の情報は削除しておくなどの気配りは必須かと思われます。

同じ意味でも、重要な情報をメールで送る場合、ZIPファイルにしたうえでパスワードを設定し、パスワードは添付したメールとは別のメールで送付するなどの注意が必要です。

重要なデータをUSBメモリなどの記録媒体に保管する場合についても、万が一の場合の紛失リスクを考えておくことが必要です。USBメモリにパスワードでロックがかかっているものもありますし、指紋認証を必須にしているものもあります。万が一の紛失のリスクも考えて、こうした指紋認証を要求するデバイスの購入を検討することも一案です。

ユーザーとして一般的に必要とされていること、アンチウィルスソフトをダウンロードする、不審なメールを開かないなど、ITデバイスを使用するうえで、必要最低限なルールの遵守は徹底しましょう。

端末を紛失してしまった場合の対処法

情報端末に十分なセキュリティ対策を施し、万が一紛失してしまっても容易には情報が漏洩しない状況をつくり出していたとしても、やはり紛失した端末をそのまま放置することはよくありません。

iPhone等のiOS端末には「iPhoneを探す」というサービスがあり、紛失した端末の現在地を確認したり、遠隔操作でデバイスをロックするほか、デバイス内に保存されている情報を消去するなどといった操作をすることができます。

今自分が使っている情報端末にこうした機能がなくとも、セキュリティ会社が独自に出しているGPSを利用した追跡サービスなどがありますので、万が一の場合に備えて利用を検討してみるとよいかもしれません。

体験談3

リモートワーク対応・クラウド利用

弁護士5年目　女性／中規模事務所パートナー

書類中心、対面中心だった弁護士業界にも、IT化の兆しが見られるようになりました。裁判手続のIT化が進み、Web会議期日を経験した方も多いのではないでしょうか。東京地裁でも部によって（あるいは裁判官もしくは書記官によって？）利用頻度は大きく異なりますが、Web会議期日が浸透しつつあります。

2020年の新型コロナウイルスの流行によって、各法律事務所、弁護士会でもリモートワーク対応が進みました。

私の所属している事務所で使用しているツール及び利用の工夫をご紹介します。

セキュリティ

さまざまなツールを利用していますが、大前提として、ビジネス版を利用しています。無料版を公開しているサービスも多いですが、やはりセキュリティ面を考えると費用をかけてでもビジネス版を導入した方が安心です。

メールその他

コロナ禍の直前にG Suiteを導入しました。Googleのビジネス版で、データ容量が大きいほか、独自ドメインの設定が可能（従前のアドレスを引き継げます）、メールの他にも250名までのテレビ会議（Google

Meet）機能等が使えます。セキュリティ面が無料版よりも大幅に強化されており、管理アカウントでの中央制御が可能であるため、端末紛失時のリスクを減らすことができます。

Googleスケジュールで各弁護士の予定を全員が確認することができるため、日程調整が飛躍的に楽になりました。GoogleスケジュールとZoomを連携し、会議室・共有Zoomアカウントの予約とURL発行を同時に行えるようにしました。

テレビ会議システム

前述のZoom、Google Meetを事務所として導入していますが、各弁護士も顧客の都合に応じてSkype、LINE通話、Googleハングアウト、Teamsなどを使い分けています。

Google Meetはアカウント毎のURL発行ではないため、他の弁護士が利用していても並行して別の会議開催が可能です。この点がZoomとの最大の違いですが、参加者全員がGoogleアカウントを利用している必要があるため、Googleのメールを利用していない顧客の場合にはZoomを使用しています。

裁判所のWeb会議期日では、可能な限り有線接続をして通信を安定させるよう心がけています。

事件管理

firmeeを利用しています。各弁護士が自宅や外出先からでもコンフリチェックができます。

事件記録

紙の記録のほかにDropbox Businessを利用しています。容量は通常2TBで、拡張も可能です。スマートシンクを使えば容量も節約できます。

業務システム

事件ごとの弁護士・事務局のやり取りにはChatworkを利用しています。所内では、事務依頼は全てChatworkのタスク機能を利用することをルール化しています（口頭での依頼はNGとしています）。全ての事務依頼が文字データとして残るので、言った言わないの問題がなくなりました。

事務局のシフト管理には在席管理アプリを利用し、事務関係のマニュアルはWebシステム上にまとめて外からでも確認できるようにしています。

電話

個人携帯もしくはPCから事務所の代表番号での発着信ができるシステムを導入しています。現在利用しているサービスは同様のシステムとしては2つ目の導入ですが、通話品質はかなり異なる印象です。費用対効果の問題があるので、契約アカウント数によって選定する必要がありそうです。

リモートだとお互いの状況がわからないため、在席管理システムを利用し、各弁護士が自分の状況を都度反映することで、事務局はシステム上表示されているステータスに従って電話の取次ぎ案内をすることにしました。

事務所会議や研修実施により事務局の手が足りないときは、電話代行サービスも適宜利用しています。

FAX

もともとデータ受信して各弁護士のフォルダに転送していたのですが、コロナ禍を経てデータ送受信をできるサービスを導入し、送信も電子化しました。特に一定数の弁護士が所属している事務所では紙で受信すると複合機周りが大変な事態になるのでおすすめです。

郵便

８枚以下の郵便物はWebレターを活用することにしました。ただ、仕上がりが通常とは異なるため、使い分けをしています。刑事事件で急ぎの連絡に電報を利用する方も多いと思いますが、Webレターも到着が早いので、電報同様に使えます。

コロナ禍を経て、事務所全員分の郵便物を毎日封筒部分のみPDF化して、特に急ぎのもののみ外部から指定して内容をPDFデータで共有してもらうことができるという体制構築をしました。小規模事務所であれば中身までデータ化したり、郵便局に依頼して郵便物の自宅への転送設定をすることが可能なのだと思いますが、中規模以上の事務所だと難しいため、事務コストとの兼ね合いで現在の体制に落ち着いています。

内容証明は従前から電子内容証明サービスを利用していました。

登記

法務局の登記情報提供サービスのほか、登記簿図書館を利用しています。

押印

法律上求められているもの以外の押印を省略しました。号証スタンプは電子データで押すことにしました。

書籍

法律関係の電子書籍のサブスクリプションサービスを利用している弁護士もいます。自宅や外部から多数の書籍にアクセスできるので大変便利です（詳細はRule17をご参照ください）。

翻訳

AI翻訳サービスが進化しています。各社ありますが、サービスによってリモートワーク対応しているものとそうでないものがあるため、リモートワークをするのであれば、どこからでもアクセスできるものを選ぶとよいでしょう。また、法務部を持つ大手企業が使用しているサービスはAIが日々学習するため、定期的にインハウスの友人に使用サービスを聞いてみるのもおすすめです。

懇親会

コロナ禍で対面での懇親会をすることも難しくなりました。しかしコミュニケーションの機会確保も重要です。

東京弁護士会では新入会員歓迎会をZoom実施するという挑戦をしたのですが、この際、各人の事務所や自宅に宴会セットを配送してくれるサービスを利用しました。同じメニューの食事を楽しみながら懇親を深めることができ、一体感もあり好評でした。事務所の懇親会や委員会でも活用できるように思います。

ボス弁の視線

ヒューマンエラーが一番怖い

さて、情報流出について、デバイスの準備ができたとしても、一番ありがちなのは結局、ヒューマンエラーです。USBメモリを介してウィルスが蔓延したり、記録媒体を落としてしまったり、というITデバイスに限られないような方法の情報流出が一番あり得ます。

私の場合も、昔「Aさんはいい人だから〜」という内容のメールを、別の知り合いに送ろうとして、Aさん本人に間違えて送ってしまったことがあります。Aさんのことを考えながらメールを打っていたからでしょう。

このケースは、幸いにも他愛もない内容だったので、問題はありませんでしたが、裁判の方針や書面の案を、依頼者に送るつもりで、相手方や第三者に送ってしまったら？　と考えるだけでぞっとします。

それ以来、事務所では何より誤送信には気を付けるように、勤務弁護士や事務局にも徹底しています。

また、顧問会社と話している際に、弁護士業界ではいまだFAXでやり取りをしている、という話をしたら、「どうしてまだFAXなのですか？」と、聞かれたことがあります。そのときには、「守秘義務にかかる重要な情報のため、基本的に紙媒体でやり取りをする。メール等では誤送信、拡散の危険性が高まる」と答えましたが、結局、FAXを送る際にも誤送信のリスクはあります。

うちの事務所では、誤送信防止のために、番号を入力する人と確認する人の２人で対応しています。手間はかかりますが、そのくらい流出してはいけない情報を扱っているという危機意識を持つべきです。

便利な道具も使い方次第

これからの世の中は、おそらくは私が若い頃には予想もしていなかったような便利なITデバイスが登場してくるでしょう。実際に、携帯電話に話しかけたら検索をしてくれるなんて、かつては考えもしませんでした。

そのような便利な時代になったとしても、結局最後は、自分自身で気を付けなければなりません。昔のように紙を１枚落としてしまうのとは異なり、１つの誤送信で世界中に情報が流出してしまう危険性があるのです。

一度流出してしまったら、もう元には戻せません。それが守秘義務にかかる情報であれば、本当に懲戒されることも覚悟しなければならないでしょう。

データという情報になってしまうと、ともすれば重要であることを忘れてしまいがちです。気を付けすぎるくらいでちょうどいいと思って、ITデバイスを使いこなしていきましょう。

Rule

17　書籍への投資

▶ 常に知識のアップデートを！

――書籍代をケチってはいけない。書籍代は、弁護士にとってはほぼ唯一の仕入科目であるから惜しまずに投資すべきである。購入した書籍等を全て熟読しておく必要はなく、パラパラ斜め読みするだけでもよいので、気になる分野の書籍があれば、とりあえず買っておくべきである。今ではさまざまなサービスが展開されているため、隙間時間を利用すれば、気になったときに十分に知識のアップデートをすることができる。

毎年新しい法律が生まれ、既存の法律も改正されており、日々新しい判例も生まれているため、弁護士になったからこそ、知識のアップデートを忘れてはいけません。

法改正等によりかつてはよかったことがダメになっていたり、逆に、ダメだったことがよくなっていたりすることはありますし、法改正等がなかったとしても法律の解釈は価値観の変化等に伴い変化していきます。また、新しく制度・手続が新設されることもあります。従前に勉強したことで満足し、知識のアップデートを怠っていると、依頼者の要求に適切に応じられず信頼を得ることができないばかりか、誤った知識で対応してしまい、場合によっては弁護過誤として、あなたが損害賠償や懲戒の対象となってしまいます。

さらに、全く触れたことがない分野の相談がいきなり舞い込むこともあり、急いでその分野の法律を勉強しなければならないことは、実務ではいくらでもあります。

知識をアップデートするうえで、書籍は有用な手段です。いわゆる基本書であればその分野の知識を網羅的に得ることができますし、事例形式のものであれば最初から最後まで通して流れを学ぶことができます。

法律の専門書は高額で、弁護士になったばかりでは負担も大きいですが、知識をアップデートしなかったために相談者等の信頼を得ることができず、仕事を逃してしまう方が、長い目で見ればよほど損失は大きいといえるでしょう。

今すぐ読まなくとも、とりあえず気になった本を買っておくだけでもよいのです。特に電子書籍であれば、スマートフォンやタブレット、電子書籍リーダーがあれば、重い書籍を持ち歩かなくとも、移動時間等の隙間時間で気になっていた分野の知識を補充できます。さらに、最近では、サブスクリプション（以下「サブスク」といいます）タイプの法律書籍のサービスを提供している業者もあり、このようなサービスを利用することで、毎月定額の料金を払えば、分野を特定することなく数多くの書籍を読むことができます。

どのような形でも構いませんが、知識のアップデートのため、書籍等への投資は惜しんではいけません。

体験談１

昨今流行りのサブスクや電子書籍

弁護士５年目　男性／中規模事務所勤務

法律専門書のサブスク

専門的知識のアップデートを日々求められる弁護士にとって、法律専門書たる書籍の購入は、若手弁護士時代のみならず、弁護士として稼働している限りずっと続けていかなければならない事項であるといっても過言ではありません。

今まで全く接したことのない分野の相談や案件処理を頼まれることも頻繁にあると思いますが、そのような場合に、手元に該当分野の書籍があれば、全てを解決できないとしても、最初のとっかかりとして手元にある書籍を参考にすることで、ある程度安心して相談時の回答や手続処理ができることも多いとは思います。業務上で必要な書籍は、弁護士会の図書館等で借りることも考えられますが、最新の書籍は貸出禁止になっている場合が多いですし、人気がある書籍は貸出中であることが多く、必要な書籍をいつでもすぐに読むことができるようにするためには、やはり購入しておいた方が安心です。

もっとも、若手弁護士にとって、あらゆる場面を想定してあらかじめ必要な法律専門書を買い揃えることは費用面で困難でありますし、必要な場合にその都度書籍を購入するにしても、法律専門書は安価ではないのでそれなりの出費が必要となり、購入を躊躇してしまう場合も少なくないと思います。

現在は、毎月定額の料金を支払うことにより、音楽、映画、一般的な書籍など、一定の範囲内で制限なく視聴することができるというサービス（いわゆるサブスク）がありますが、弁護士業界においてもサブスクで利用できるものが増えてきています。これを利用することで、費用面での躊躇を一定程度薄めることができ、必要な都度購入するよりはリーズナブルに、法律専門書を入手し、新たな知識に触れる機会を増やすことができるかもしれません。

弁護士業界のサブスクといえば、判例検索サービスが一般的ですが、当該サービスとあわせて毎月の追加料金を支払うことで、一定の書籍が購読できたり、各種書式やマニュアル集をダウンロードできたりするサービスを付加することができ、最近はそういった判例検索に付随するサービスが増えています。

また、私自身はまだ利用していませんが、法律専門書を無制限で読むことができるサブスクもいくつかあるようですので、こういったサブスクを利用することで、購入を躊躇することなく書籍に触れることができ、より多くの知識に触れることにつながりやすいのではと思います。月額数千円から１万円程度での利用が可能なサブスクが主流なようですので、その程度の金額であれば、実質的に毎月２～３冊分の書籍購入代金と変わりません。もっとも、月額無制限で読めるといっても、利用するサブスクによって提携している出版社が異なりますので、サブスクを１つ利用すれば全ての出版社の法律専門書を網羅できる、ということまでは、さすがにできません。

弁護士の業務といっても千差万別で、所属先の事務所によっても、担当する案件によっても、業務に偏りが出てしまうものですが、いずれは移籍や独立をすることを考える若手弁護士としては、所属事務所の日頃の業務では触れる機会があまりない分野についての知識も、日々の研鑽の中である程度は身につけておきたいものです。若手弁護士としては、日頃の業務では必要がない書籍まで、わざわざ購入することは躊躇するものですが、サブスクを利用することで、今後の弁護士業務にとって必要だと思われる分野の書籍についても、費用面を気にせず目を通すことができるようになります。

法律専門書のサブスクは、現状利用している弁護士は必ずしもまだ多くないかもしれませんが、これからも発展することが予想されますし、若手弁護士であればあるほど利用しやすいとともに、利用しがいがあるサービスであるのではと思います。

電子書籍の利用

弁護士は、移動や待ち時間が多いため、読みたい書籍を持ち歩き、空いた時間に書籍を読み込むということも少なくありません。しかし、記録やパソコンなど、持ち歩くべきものも多いため、荷物としてかさばり重くなってしまう書籍を持ち歩くことに躊躇してしまうこともあるかと思います。

そのような際に、電子書籍は有用です。電子書籍であれば、普段持ち歩くスマートフォンやタブレット、パソコンにデータをダウンロードしておくことで、必要なときにいつでも外出先で書籍を読むことができ、必要以上に荷物が重くなることもなくなります。

私自身、電子書籍を何度か購入したことはありますが、検索もしやすく、便利だとは思います。

ただ、必要な書籍が全て電子書籍化されているわけではありませんし、タブレット等の画面上で長時間文字を読むと、目も疲れてしまいます。個人的には、電子書籍としての利用に馴染むものは、体験談やある種のノウハウをまとめたもので気軽に読める書籍や、辞書的な感じで利用するもので、常に携帯し検索できると安心できる基本的知識をまとめた書籍ではないかと思います。

電子書籍にも紙の書籍にも、それぞれメリット・デメリットはあると思いますが、購入する書籍の利用方法に応じて使い分ければ、電子書籍はかなり便利なツールであることに間違いはないかと思います。

体験談 2

目に留まった本は、とりあえず購入

弁護士 12 年目　男性／中規模事務所経営

自己投資対象としての書籍

「本は棚ごと買ってこい！」――昔、大学受験浪人時代に、大学受験予備校の現代文の講師がこんなことを言っていたような気がします。

本って、けっこう、高価ですよね。文庫本だって700～800円はします。

３冊買ったら2,000円超です。浪人時代には「大人になったら、必要なものであれば、値段を気にせず買うようになるのだろうか」などと漠然と考えたように思います。とはいえ、実際に大人になってみると、書籍を「大人買い」している人はそうはいません。

ですが、弁護士にとって書籍は、趣味の対象ではありません。自己研鑽のための投資対象です。

私は、自己投資の一環と割り切って、書籍には年間予算をイメージしたうえで購入しています。年間90万円と決めたならば90万円、年間120万円と決めたならば120万円。ただし、注意すべきは、年間予算をイメージするといっても、節約をしようという発想ではありません。予算超過は大歓迎、予算未消化が厳禁という珍しい予算です。

決めた予算をきっちり執行するためには、書籍購入を躊躇しないということです。「今日は、手持ち現金が少ないからどうしようかな」とか「今月飲み会が多かったからちょっと財布が寂しいな」などと気にしてはいけません。書籍購入費という予算科目は、他の科目（接待費や遊興費）による科目間流用を認めてはいけないのです。そんな風に自分に言い聞かせながら、書籍購入は躊躇しないように心がけています。

今まで取り扱っていなかった分野の仕事が来たときなどは、「どの書籍が使えるかな？」などと書店や図書館で吟味するのではなく、とりあえず目に留まった書籍は全部購入するようにしています。一度に５、６冊でしょうか。４～５万円のお会計になってしまいますが、躊躇してはいけません。

調べものには、図書館を活用するという人も少なくありません。しかし、私の場合には、図書館はマイナーな論文記事、過去の雑誌記事、旧版の書籍、他分野（法律以外）の専門書などを調べるために使う程度です。今必要な書籍はもちろん、将来必要になる可能性がある書籍もとりあえず購入してしまいます。図書館や書店で書籍を吟味している暇があったら、購入して自席でじっくり読み込んだ方がよいという発想です。

マニュアルものに頼ってはいけない

書籍にもいろいろな種類のものがあります。基本書となるような概説書、逐条解説のような解説書、判例や事例を集積した参考書、事件処理のノウハウや手続手順がまとめられたマニュアルものなどなど。

マニュアルものは、ざっと読んで事件処理に役立てるには、手っ取り早いのでついつい手が伸びがちです。でも、マニュアルものばかりでは、自己研鑽につながりません。マニュアルものを購入する場合には、それ以外に必ず概説書や解説書を複数冊購入するようにしています。

加除式の書籍

加除式書籍というものがあります。私は、弁護士になるまで、こういった形式の書籍があることを知りませんでした。

頻繁に改訂がなされ、改訂部分だけ差し替えが行われるというもの。誰が考えたのでしょうか、非常に合理的なシステムだと思います。

ただ、比較的高価なものが多いのと、一度購入すると、随時、差し替えのための費用がかかることとなるため、これらを踏まえたうえで購入を検討する必要があります。

雑誌の定期購読

定期購読雑誌は、自ら書店に行って探さなくても、手元にアップトゥデートな情報が届けられるというスグレモノです。たくさんの雑誌を定期購読できればよいのですが、経済的にも時間的にも、毎号に目を通すことを想定する雑誌の購読数は自ずと限られます。雑誌の定期購読の目的としては、判例、法令改正の情報と最新論文をバランスよく入手することでしょうから、その観点から、定期購読する雑誌をセレクトします。

判例については、判例専門誌を１つくらいは購読してもよいと思います。
私の場合は、金融関係の案件が少なくありませんので、弁護士登録した最初の頃は「金融法務事情」(きんざい）と「金融・商事判例」(経済法令研究会）を購読していました。その後、もう少し一般的な企業法務の観点も必要だなと感じるようになって「NBL」(商事法務）を、労働関係の裁判例の重要さを痛感してからは「労働判例」(産労総合研究所）を購読しています。
雑誌の原稿執筆の依頼を受けると、ついその雑誌を購読しなければ申し訳ないような気分になってしまい、購読雑誌の数が増えていってしまいます。これはあまりおすすめできない購読理由です。反面教師にしていただければと思います。

ボス弁の視線

本を読む癖を！

若手弁護士の中には、法律の解釈や学説等の調べ物をするときにインターネットで検索をしただけで終わってしまう人が一定数いるように感じます。すぐに回答しなければならない簡単なことや、書籍で調べるうえでの手がかりにするのであれば問題はありませんが、インターネット上の情報は信用性に欠けるものも多くありますので、やはり、そこは労を惜しまず法律雑誌や専門書でしっかり調べてほしいものです。法律雑誌・専門書であれば、ある程度の信用性は担保されていますし、調べている分野の書籍等が１冊見つかれば、引用や脚注を活用することで、同じ分野について書かれた他の書籍を芋づる式に見つけることができ、むしろインターネットの検索より深く知識を得ることができます。
また、目次等を眺めているだけでも、調べている分野だけでなく、その周辺の分野の知識も意識することなく身につけられていることがあります。今では法律雑誌や専門書の電子書籍もかなり増えてきましたので、電子書籍であればインターネットと同様に早く検索等もできるでしょう。

私もできる限り、気になった書籍は買って読むようにしていますが、事務所を経営する立場に立つと、顧問先等とのつきあい・会務活動など弁護士業務以外の仕事が増えてきてなかなか時間がとれないことや、やはり若手の頃に比べて物覚えが悪くなってきていることから、新法・法改正や最新判例については、むしろ勤務弁護士に期待しているところがあります。事務所を経営している弁護士の多くは、私と同じような状況に置かれているでしょうから、若手のうちに、多くの書籍を読んで多くの新しい知識を得てください。

ちなみに、独立を目指しているのであれば、今のうちから少しずつ書籍を買い揃えておくことを勧めます。事務所開設の際には「最高裁判所判例解説」(法曹会)、「注釈◯◯法」や加除式の書籍等多くの書籍を購入することになり、少なくない費用がかかるからです。今では法律の専門書でもサブスクタイプのサービスを提供する業者も出てきましたが、全てを網羅しているわけではありませんし、書籍を執務室や会議室に整然と並べておくとそれだけで見栄えがよくなります。

以上のとおり、若手の頃だからこそ、書籍への投資を惜しまず、書籍を読む癖をつけてください。

Rule
18 スキルアップ

▸ 百聞は“一件”にしかず

――時間のある限り、研修等で自分のスキルを磨くことは大事である。しかし、スキルは実際に仕事を経験した方が身につくことは明らかだ。機会がある限り新しい分野の事件を受けることがスキルアップへの最良の道であり、研修等はそのための準備にすぎないものとして位置づけたい。

Rule17（書籍への投資「常に知識のアップデートを！」）でも述べましたが、弁護士になったからといって勉強をやめてはいけません。むしろ弁護士になった後の勉強、つまりスキルアップのための勉強こそが重要です。

スキルアップの方法の１つとして研修があります。特に自分のよく知らない分野の書籍等を読んで理解するのはなかなか難しいことですし、何度読んでもわからない部分が出てくることもあります。これに対して、研修は、その分野に精通している方が講師となって行われるので、理解しやすいですし、わからない部分については質問することができます。そういう意味で、１人で書籍等を読むよりも研修を受けた方がよい場合が多いといえます。ただ、研修は時間が限られているため、全てを網羅的に講義してくれるわけではありません。自分が現在関わっている案件に関する研修であれば、ある程度の知識があるのでかなりの効果を期待できますが、新法や法改正の研修等といった純粋に勉強のために受ける研修は気を付けないと聞き流してしまうだけになってしまいます。
　このような観点から、一番の学習はやはり「事件を受け持つ」ということです。実際の事件を受け持てば、その解決のために必死になるため、漫然と書籍を読んだり、研修を受けたりするのとは比較にならないほどの知識、経験を得られるはずです。

体験談 1

疑似経験で戦う

弁護士３年目　男性／小規模事務所勤務

戦略的なスキルアップを！

　どんな講義よりも実際の事件の経験が勝ることには、異論はありません。ただ、実際の事件を受任するためには、ある程度、自身のスキルアップが必要であり、そのためには、講義を受講したり、本を読んで勉強したりすることも有用であると思います。
　ある日、知人から相談がありました。相談内容は、「知り合いの会社で、メールアドレスの情報が漏洩してしまったらしく、どう対応したらよいか困っているらしい。社内では、念のため、役所の法律相談にでも行った方がよいのではないかという話になっているらしいのだけれども、やっぱり相談に行くべきだろうか？」ということでした。
　このような場面で、単に「私のところでも相談をお受けできますよ」と答えてもアピールが弱いように思います。受任につなげるためには、「この人に頼めば大丈夫そうだ」と思わせる何かを提供したいところですが、あなたであれば、どのような回答をしますか。
　ベストな答えが何かはわかりませんが、とりあえず私は、「メールアドレスは、@の前後の情報を組み合わせると、個人を特定できてしまうこともありますので、メールアドレスだけだからといって軽視してはいけません。個人情報が漏れた場合には、プライバシーマークを取得している場合や、監督官庁がある場合などには、報告義務があったりするので、企業によってはそれらの対応も必要になると思います。これらについては、個別の事案の検討が必要になるので、ぜひ専門家の意見を聞くために相談に行った方がよいと思いますよ。もちろん私の方でもご相談に乗れますから、お望みであればご連絡をくださるようにお伝えください」と回答しました。この回答を聞いて、私に相談すべきだと感じてもらえたのか、すぐにご紹介いただくことになりました。

当時、弁護士になって1年ほどであった私は、情報漏洩に関する事件を扱った経験はありませんでした。ただ、司法修習生の頃に、若手弁護士がベテランの弁護士たちと勝負しやすい分野の勉強をしようと考えて、情報管理やIT関連の法律問題を若干勉強していた時期があり、なんとなく記憶に残っていた情報をなんとか引っ張り出して、回答したにすぎませんでした。自分がスキルアップのためにしていたことが、初めて役に立ったので、非常に嬉しかったことを覚えています。

さて、私が、司法修習中からスキルアップを意識していたのには、理由があります。それは、司法試験に合格した直後の時期に、キャリア30年以上のベテラン弁護士から、「やっと同じ土俵に立ったね」というひと言をいただいたことによります。

その弁護士の真意はわかりませんが、私は、この言葉には2つの意味があると解釈しました。1つは、司法試験に受かったということは、スタートラインに立ったということを意味しているにすぎないのだということです。もう1つは、弁護士としてバッチを付ける以上、ベテラン弁護士であろうと新人弁護士であろうと対等の立場で戦うことになるということでした。このひと言をいただいてから、ベテランの弁護士と勝負するために、何をすべきかを考えるようになりました。

まず、ベテランの弁護士と自分の大きな差として思い浮かんだのは、経験の差でした。こればかりは、実際に事件を経験しないと埋められるものではありません。とはいえ、実際に司法修習で経験できる事件数には限界があり、また偏りがあります。そこで、疑似的に経験する方法はないかと考え、ケーススタディ系の本を読むことにしました。この方法によって、いろいろな事件を経験した気持ちになり、ある程度一般的・類型的な事件において持つべき視点等を吸収することができたと思います。とはいえ、やはり生の事件とは異なりますので、知識としての経験の蓄積はできても、本当の意味での経験の蓄積はできず、この方法によって戦うことに限界が見え始めました。

そこで、別の方向からのスキルアップを図ることを考えるようになりました。それは、今後事件として増えそうで、かつ、ベテランの弁護士の経験が活きてきづらい分野の勉強をすることでした。その中で選んだ分野は、情報管理、IT、クラウドなどといった、従来あまり意識されていなかった分野や、新しい技術に関する分野でした。

この当時、あまり十分に意識していなかったのですが、そのようなスキルアップをする目的をきちんと考えるべきでした。どの段階でベテランの弁護士に勝とうとしているのかということを、明確に意識すべきだったと今では考えています。

事件を受任した後の段階、すなわち、訴訟や交渉において戦うという観点からは、生の事案において、どのように臨機応変に対応できるかなど、本当の意味での経験が必要になってきます。

しかしながら、事件を受任する段階で戦う場合、つまり、弁護士を探している人に自分を売り込むという段階では、本当の意味での経験でなくとも、武器になると思います。というのも、弁護士を探している人と接する段階は、個別具体的な話を詳しく聞く前の段階であり、得られた情報をもとにした回答は、「一般論としては」という条件付きの抽象的な意見とせざるを得ない場合が少なくないからです。そういった意味では、悩みの概要を聞いた際に、一般的な場合の処理や、数個の具体例を出せれば、一応、ベテランの弁護士と戦うことができるのです。そのため、前述の書籍等での疑似的な経験でも、一応の成果を上げることができます。

また、ベテランの弁護士が不在の新しい分野であれば、そもそもベテランの弁護士がいない土俵で戦うことができる場合すらもあり、いわば不戦勝を狙えるのです。

このような視点から考えると、実際に事件を経験するのには勝らずとも、書籍・講義などによるスキルアップにも、有用性を見いだすことができるのではないでしょうか。

体験談 2

「弁護士は経験が何より」はウソ？

弁護士 11 年目　男性／中規模事務所経営

イマジネーション能力を磨け

東京では、弁護士のための研修講座は、ほぼ毎日複数が開催されています。

最近の若手弁護士は、研修講座の受講意欲も高く、多くの研修講座で受講者があふれかえっている光景を目にします。

研修講座の受講者アンケートを見ても、「とてもためになった」、「わかりやすかった」、「手続の具体的なイメージを持つことができた」など好意的な感想も少なくありません。皆さん、さぞ研修効果を期待していることでしょう。ところが、弁護士の皆さんに、「スキルアップに効果的な方法は何ですか？」と質問すると、声を揃えて「それは、実際に事件をやることでしょう」、「ただ座学で勉強するだけじゃ、身につかない」といった回答が返ってきます。

皆さん、「弁護士は事件を経験してなんぼ。研修は経験できていない分野や事例を補うもの」という認識をお持ちのようです。

私自身も、かつて動産売買先取特権の研修講義を受けてみて、「おお、なるほど。債権回収のためにかなり有益な手法だな」と思い、講義内容もわかりやすかったので、会得した気分になりました。それからほどなくして、たまたまちょうどよい案件があったので、さっそく実践してみました。

ところが、理屈ではわかったつもりだったものの、実際には、動産の特定をどうしたらよいのか、どの程度まで特定する必要があるのか、裁判所に納得してもらうための特定の手段としてどんな手段があるのかなど、実際の事件処理は、研修講座でイメージしたほど容易ではなく、とても難渋したことがあります。

このとき、ただ漫然と研修講座を受講しても、具体的なスキルアップにはつながらず、やはり実際の事件を処理してはじめて、スキルアップにつながるのだなあと感じました。

では、弁護士は、どんどん経験を積んでいかないとスキルアップできないのでしょうか。新人弁護士は、経験豊富な弁護士にはかなわないのでしょうか。

私は、かつて先輩弁護士に「イマジネーションで経験不足を補える。しっかりと勉強して、事件処理の場面を具体的にイメージすることで、経験豊富な弁護士と渡り合える」と励まされたことがあります。実際に事件処理に関与できるに越したことはないですが、そうでなくても、研修などで事件処理を疑似体験することが可能であり、その際に、漫然と理屈だけで理解しようとするのではなく、実際の事件処理をイメージしながら理解することが重要だという教えだと理解しています。

ただ、私は、最近ではもう一歩進めてポジティブに考えるようにしています。弁護士にとって必要な本質的なスキルは何か。それは決して「経験」ではないでしょう。私は、弁護士にとって必要な本質的なスキルは、「イマジネーション」だと思っています。前提となる法的知識を駆使して事件処理の方針を見定め、その方針に従って、必要な事実を洗い出し、法的要件に適合させて、必要な手続を行う……。ここに「経験」の有無は関係ありません。「経験」は、これらの方針の見定めや事実の洗い出し、法的要件に適合させるための主張の組立て、手続の進行などを、的確かつ円滑に行うために有益なものではありますが、逆に言えば所詮それだけのことです。

弁護士にとって「経験」とは、弁護士業務を行うにあたって必要なイマジネーション能力を補完するものだと考えるのです。

そう考えるようになって、少し自信が出てきました。若手弁護士だからといって、なめられてはいけません。どんなに経験豊富な弁護士であっても、自身で経験した案件の数は限られています。多数の文献検討や判例調査を経て、経験豊富な弁護士の経験量を上回るだけのイマジネーションを働かせれば、経験豊富な弁護士を上回るスキルを会得できますし、顧客の信頼を獲得することも可能です。

かつて、ある特殊な分野の案件を１件だけ処理したところ、先輩弁護士から「もう、この分野の専門家だね」と冗談っぽく言われたことがあります。そのときは、「そんなわけないだろう！」と心の中でツッコミを入れていましたが、１件の案件を処理するということは、その事件に生じる可能性があるあらゆる場面を想定して、調査検討のうえで案件に臨まなければならないのかもしれません。そうすると、その案件を終えたときには、もうその分野の専門家になっているはずです。

まだまだそこまでのきっちりした仕事はできていませんが、常にトップレベルのスキルを持って案件に臨むことができるように、日々の研鑽を積んでいきたいと思っています。

ボス弁の視線

研修もよいが、実践に勝る勉強なし

スキルアップの方法としては、研修を受講するのはよいと思います。書籍等を読むのももちろん大事ですが、読む時間を確保するのに苦労します。他方、研修は２時間程度の時間をやりくりすれば、その分野に精通した方から、簡潔かつポイントを押さえた解説を聞くことができますし、充実したレジュメも入手できます。営業等仕事以外のつきあいに時間をとられる私は重宝しています。しかも、今は、弁護士会が行っている研修のほかにも民間の団体が行っている研修もありますので、研修の対象分野の選択肢が広がっています。積極的に受講することをおすすめします。

ただ、「よい講演は、聴衆が知っていることが８割、知らないことが２割ある講演だ」と言われています。研修を受講する際には、ある程度の知識を予習してからでないと、よい研修にはならない、すなわち研修から十分な成果を得られないと思います。

私もこれまでいろいろな研修を受講してきました。しかし、残念なことに、研修の受講中や直後はよく理解したと思っていても、その後研修の対象分野に関わらずにいると、時間が経つにつれて研修の内容を忘れてしまうことが多くありました。逆に、研修を受講したときや研修に近接した時期に研修の対象分野の仕事をすると知識として定着し、なかなか忘れずにいます。

このことからわかることは、研修の受講も書籍を読むこともスキルアップには欠かせないものですが、これらにも増してスキルアップに役立つのはやはり実際の仕事をするということです。仕事である以上、解決のために問題意識を持って調査し、考えますので理解が早いと思います。しかも、一度その分野の仕事をしていれば、調査するべきこと、集めるべき資料等がわかっていますので、最初の相談のときから効率的に仕事を進めることもできます。そういう意味で、研修や書籍の百聞よりも、仕事を１件することの方がスキルアップにつながると思います。「百聞は“１件”にしかず」とは言い得て妙です。

ただ、自分のよく知らない分野の仕事の相談を受けたときは、その分野に精通している弁護士のアドバイスを受けたり、可能であれば精通している弁護士と一緒に受け持つ方がよいでしょう。無知や経験不足により弁護過誤を犯す危険性が減りますし、研修や書籍からは得られないノウハウも得られると思います。その際は、自分で可能な限り調べて自分なりの意見を積極的に述べることも自分の理解力を深めるためには重要だと思います。先輩弁護士から誘われる等、弁護団への参加の機会があれば進んで参加をすべきですし、打診がなくても興味がある分野であれば、自ら進んで弁護団に入ることも経験を踏むうえでとても有益だと考えます。

ボスの奥の手

事務所の経営上、相談者の依頼を断ることは難しいので、よく知らない分野の仕事も受けてしまいがちです。そんなとき、経験のある弁護士と共同で受任できれば自分のスキルアップにつながります。

では、依頼者との関係上、共同受任ができないような場合にはどうしたらよいでしょうか。そういうとき、頼りになるのが書籍や研修だと思います。もっとも、書籍は質問に答えてくれませんが、研修では講師が質問に答えてくれ、場合によっては講師と名刺交換をすることもできますのでその機会を有効に使うことは大切です。最近は、研修をインターネット等で見る機会が増えていると思いますが、そのような場を活用するためにも事前に下調べ等をしておくことが有効でしょう。

また、弁護士登録をして２、３年の間は、弁護士会の会務活動や派閥の会合、同期の会合等にはできるだけ参加した方がよいと思います。といっても、漫然とそこに座っているのではなく、他の弁護士がどのような分野の仕事をして、どの分野に精通しているかを積極的に聞くことが大切です（食事等に行ったりして、親しくなれば先輩弁護士も口が緩みがちで本音を聞けると思います）。そうすれば、いつなんどき自分のよく知らない分野の仕事が来ても、慌てずにどの弁護士に相談すればよいのかわかるようになります。会務活動や派閥活動等は時間ばかりがとられるイメージもありますが、先輩弁護士とのパイプをつくるという意味では貴重な機会だと思いますので、可能な限り積極的に参加してみるとよいと思います。

Rule

19 人脈づくり

▸「コネ」には貪欲に。ただし「営業」はするな

――インターネット広告やSNSが普及した昨今でも、弁護士の業務拡大にとって極めて重要なのは、人とのつながり、すなわち「コネ（コネクション）」である。自分の性格等にとって無理のない範囲での貪欲な「コネクションづくり」は、弁護士としての活躍の場を広げることにもつながる。しかし、ただ広く浅いだけの人脈づくりをしても労多く益は少ない。良質な人脈をつくるための心がけや取り組むべきこととは何だろうか。

インターネットやSNSを通じた広告宣伝によって、弁護士も短期間にめざましい集客効果を上げることができるようになりました。

しかし、昔も今も、友人や知人からの紹介は、弁護士にとって案件獲得の主要なルートであり続けています。特に、企業法務を業務の中心に据えたいという弁護士にとっては、インターネットやSNSといった広告宣伝手法は企業法務の案件獲得とはあまり相性がよいとはいえません。友人や知人、あるいは他士業からの紹介といういわば古典的なルートこそが、企業法務案件の主たる獲得ルートといえるでしょう。

それでは、どのようにすれば良質なコネクションづくりができるのでしょうか。

陥りがちな悪い例は、名刺をひたすら配ってそのまま放置するという

「広く浅く」のパターンです。また、案件を獲得したいという気持ちが前面に出てしまう「営業前面」のパターンも、悪い例といえます。
周囲から信頼されるには、「深く長く」のおつきあいが重要です。インハウスローヤーであれば、社外でのコミュニケーションや活動も重要になるでしょう。
　また、営業目的が透けて見えてしまうと、周囲の警戒を招くことにもなりますし、「深く長く」の関係構築が難しくなります。人脈づくりには貪欲に、しかし、短期的な営業目的に焦ったりせず、１人ひとりとの深く長い関係を大切にすることが、結果として業務拡大にもつながります。

体験談 1

深く長いおつきあい

弁護士5年目　男性／中規模事務所経営

「初対面、一晩飲んで、意気投合」ということもあると思いますが、往々にして次の日には冷めてしまいます。人間関係は、同じ目的を持って、一緒に長く活動することで徐々に育まれるように思います。
　私は、数年後を見越して、人間関係を密にしていくことを心がけています。どんな風に人脈を広げているのか、私の経験や聞いたことのあるノウハウをご紹介します。

同窓会に参加する

　同窓会には積極的に参加するようにしています。小・中・高の少年時代や学生時代を毎日一緒に過ごした仲間は、お互い気心が知れています。
　お互いの性格の根っこの部分を熟知しているはずですので、信頼関係も生まれやすいと思います。同窓会に参加し、顧問弁護士の依頼があったという話も聞いたことがあります。しかし、特に離婚や相続など個人的な問題については、単に気心が知れているだけでなく、信頼できる人に頼みたいということが多いようです。

また、同窓会が頻繁になくとも、普段からSNSを積極的に活用して、同級生に、自分が弁護士として活動していることを知ってもらえていれば、困ったときに思い出して連絡をもらえることにつながりやすいと思います。

ただし、一緒に過ごした当時から同級生に信頼されていなかった場合には、あまり意味がないかもしれませんが……。

勉強会を主催する

定期的に勉強会・研究会を開催することも、相互の資質向上に資するだけでなく、勉強会の議論を通じて、人間関係も濃厚になります。私は、不動産業の仕事に関心がありますので、不動産業の方々を集めて定期的に勉強会を開いています。自分が専門としたい分野で勉強会を開くのがよいと思います。弁護士である自分が教えるというよりも、参加者にその業界の常識や作法を教えていただくことの方が多いです。

勉強会は、他の弁護士や会社が主催する勉強会に参加するのもよいのですが、自分が主催として勉強会を企画し、諸事務に汗を流すことに意味があります。なぜならば、勉強会に参加する会社は主催者側の人たちに恩義を感じ、あるいは、主催者が多くの参加者から慕われていることに信頼を寄せるようになり、その結果、主催者に事件を依頼しようと考えるのです。

とはいえ、勉強会を長く続けることは、大変な苦労があります。

まずは場所の確保ですが、参加者全員にとって便利な場所というのはなかなか難しいところです。都心の大きな駅（東京、新宿、大手町、赤坂見附等）に近く、20名ほどが参加できる場所を確保するのはそれなりのコストがかかります。ただ、最近ではZoomなどのリモートツールの利用者も増えていますので、場所確保の点は以前と比べてハードルが低くなったといえるかもしれません。

このほか、参加者をどのようにして集めるか、講師を呼んでお話をしてもらったときの謝礼･交通費の工面、レジュメの印刷、勉強会終了後の懇親会の場所の確保、勉強会のテーマの選定、メーリングリスト、ホームページの設置など、たくさんの事務作業があります。

しかしながら、主催者として、10年、20年と勉強会を継続した場合、参加者には強固な信頼関係が生まれるはずです。

国際的な慈善団体に参加する

青年会議所（JC）、ライオンズクラブ、ロータリークラブなどの国際的な慈善団体の活動に参加することも意義深いことです。こういった団体の参加者は、事業経営者がほとんどであり、団体の活動のみならず、公私にわたって、親しくさせていただける場合があります。関係を築いていく中で、結果として業務に結び付く可能性もあるかもしれません。

表　主な国際的慈善団体の概要

	青年会議所（ＪＣ）	ライオンズクラブ	ロータリークラブ
国際団体	国際青年会議所（アメリカ・セントルイス）	ライオンズクラブ国際協会（アメリカ・シカゴ）	国際ロータリー（アメリカ・エバンストン）
日本における統括団体	公益社団法人日本青年会議所	全国８ブロックごとの「複合地区」	一般社団法人ロータリーの友
国内の加入者数	約３万 1,000 人（※１）	約 10 万 2,000 人（※２）	約８万 3,600 人（※３）
国内の活動団体	691 団体（※１）	2,846 団体（※２）	2,232 団体（※３）
年齢制限	20 歳以上 40 歳未満（※４）	なし	なし

（※１）2021年現在。（公益社団法人日本青年会議所『2021年度　報道用資料』より）
（※２）2021年７月31日現在。（ライオンズクラブ国際協会公式機関誌『ライオン』誌日本語版ウェブマガジンより）
（※３）2021年６月末現在。（一般社団法人ロータリーの友事務所『ロータリーの友』ホームページより）
（※４）公益社団法人日本青年会議所『定款』より

弁護士同士のおつきあい

弁護士同士のおつきあいも大事です。先輩弁護士から利益相反で受任できない事件を紹介してもらったり、１人ではできない事件を同期の仲間や先輩・後輩の弁護士と共同受任したりするケースも少なくありません。

弁護士の資質を一番よく見抜いているのは、同業者です。同業者から仕事を振られるようになるというのは、大変に名誉で、たとえ忙しい時期であっても、積極的に引き受けるべきです。特に、ロースクール時代の学友や司法修習時代の同期の仲間とのつきあいを大切にし続けることで、仕事を振られることは割とあるのではないでしょうか。

弁護士会の活動や弁護士会内の会派活動も長く継続性のある活動ですから、そこに真面目に参加していれば、育まれる人間関係もあり、それが事件の紹介につながります。事件の紹介以外でも、弁護士会の活動や会派活動に参加していると、書籍の執筆を依頼されることもあります。こうした依頼を積極的に受けることで、その書籍の巻末に名前が載るのはもちろん、事務所のホームページに書籍の執筆履歴を載せることができ、それが宣伝効果となる結果、思いがけない仕事の依頼につながることもあると思います。

弁護士も10〜15年目頃になると受任事件も増加し、そろそろ勤務弁護士を雇わないと仕事が回らないという状況に見舞われます。他面で、１人で自由気ままに事務所経営をしてきた中堅弁護士にとっては、見知らぬ新人弁護士を事務所に招き入れることに躊躇を覚える人も少なくありません。こういった中堅弁護士と仲良くしていると、よい話につながることがあるかもしれません。

親族やご近所さんとのおつきあい

顔が広い親族と普段から仲良く接し、自分の仕事のことを理解してもらえていれば、親族自身はもちろん、親族の周りで困っている方がいた場合の相談先として、声がかかりやすいと思います。

また、町内会の会合やイベントに定期的に参加するなど、ご近所さんとのおつきあいを大事にすることも、仕事につながる可能性があると思います。私の知っている弁護士で、仕事の紹介先のランキングとして、従前の依頼者からの紹介を除けば、1位が親族からの紹介、2位が長年通っている馴染みの近所の床屋さんを通じた紹介だと言っていた弁護士もいますので、ご近所とのおつきあいを大事にして損することはないのではないでしょうか。

家族ぐるみのおつきあい

究極のおつきあいは、家族ぐるみのおつきあいです。お互いの家族が見える関係は、究極の安心感を与えます。冠婚葬祭は、特別な事情のない限り、参加すべきですし、大切な人とは家族ぐるみでのおつきあいも視野に入れるべきなのかもしれません。

新規の人間関係で家族ぐるみのおつきあいにまで発展させることはなかなか難しいかもしれませんが、例えば、お子さんがいるようでしたら、お子さんの学校の行事に頻繁に参加したり、PTAの役員を務めたりすることで、親同士を含め、家族ぐるみの深いおつきあいに発展させることができるかもしれません。

以上の全てを実践することは大変なことのように思われるかもしれません。でも、慣れてしまえば、どうということはありません。しばらく意識的に取り組んでいれば、自然と人脈を広げることができる体質に変わっていくことでしょう。将来を見越した人間関係の構築は、今日からでも始められます。

体験談２

インハウスローヤーの人脈づくり

弁護士６年目　女性／インハウスローヤー

積極的にコミュニケーションをとろう

「インハウスローヤーはいわゆる『営業』をする必要がないだろう」と言われることがあります。確かに、従業員として会社に勤めている限り、いわゆる「営業」で新規の顧客を開拓するといった行為は必要ありません。ですが、インハウスローヤーが充実した仕事をするためには、会社内の人と緊密なコミュニケーションを図り、社内での信頼関係を維持することが必要になります。そのためには、「社内営業」とまでは言わずとも、社内での人脈づくりを日々積極的に進めることが必要となります。

会社がインハウスローヤーに求めている重要な役割の１つとして、会社に潜むさまざまなリスクを適切にコントロールするという、リスクコントロール機能があります。これは、企業活動を行ううえで起こり得るリスクを早期に発見し、そのリスクに対応するために必要かつ十分な情報を集め、適切な意思決定が行えるようにサポートするという一連の行為を意味します。

リスクを早期に発見するためには、他部署の人から、できるだけ早い段階で相談を受けられる状態にすることが必要です。早い段階で相談を受けられるようにするためには、能力面での信頼はもちろん、日頃から話しかけやすい雰囲気をつくることが重要です。これは、情報収集という点でも同じことがいえます。

また、適切な意思決定のサポートという点においても、コミュニケーション能力は重要です。とある問題が生じて、その対応について部署間で意見が割れてしまうような場面に直面した際、そうした部署間で対立する利害を調整するためには、争点を明確化し、議論を交通整理して、上手に「落とし所」に導く必要があります。こうした議論の交通整理を上手に行うためには、熱くなりすぎた人をなだめたり、難色を示している人に事前の根回しをしたりと、コミュニケーション能力が重要となってきます。

社外の交流も大切に

インハウスローヤーは、リスクを早期に発見、対応することが求められます。リスクを早期に発見するうえでは、自分の所属する会社を客観的に見る視点がとても大切です。

客観的な視点で自分の会社を見るためには、世の中の新しい情報を取り入れながら、自分の知識を常にアップデートしておかなければいけません。書籍等での自己学習はもちろんですが、社外の人との交流から情報を仕入れることが非常に有用です。

日本組織内弁護士協会（通称：JILA）に所属するのも１つの方法ですし、弁護士会内の会派活動や委員会に参加して、積極的に社外との交流を持つとよいかもしれません。

従業員の個人的な悩み事にも対応できる存在

インハウスローヤーは、会社の中での仕事だけでなく、同じ会社の同僚から離婚や相続など、個人的な相談を持ちかけられることが少なからずあります。

インハウスローヤーは、会社の法律の窓口であるだけでなく、従業員の方々の身近な相談相手としての役割を期待されています。従業員から個人的な相談を受けるときは、守秘義務は絶対に守り、相談を受けたということ自体も会社にわからないように工夫する必要があります。

また、インハウスローヤー特有の問題として、従業員から会社との間の労働問題に関する相談を受ける際には、会社との関係で利益相反となりかねない点に注意が必要です。インハウスローヤーはあくまで会社の従業員であるという立場上、労働問題などが起きた場合には、最終的には会社側の立場に立つことになります。個人的な相談をお願いされた場合であっても、労働問題に関する相談は受けられない点を最初に断っておくことが重要です。

弁護士を探してくるのもインハウスローヤーの仕事

専門的知識が必要とされるような事件が会社で起こった場合、外部の弁護士に事件処理を依頼することがあります。顧問弁護士がそうした専門的知識に精通していればよいのですが、そうでない場合に、専門的知識を持っている弁護士を探してくるのも、インハウスローヤーの仕事の１つです。

自社の案件を任せるに足りる弁護士かどうかは、法律事務所のホームページを見ただけではなかなか判断ができません。よい弁護士の探し方は、ほかの弁護士に紹介してもらうという方法が最も一般的です。そして、よい弁護士を紹介してもらうためには、顔の広い弁護士とたくさん知り合いになっておくことがとても重要です。

私が弁護士を探す場として大いに活用しているのが、委員会の会議や、弁護士会の会派の集まりです。こうした会務活動や会派活動に積極的に参加をしている弁護士は、顔が広く、さまざまな方面に精通した弁護士の情報をたくさん持っていることが多いのです。日頃から委員会等に積極的に参加していれば、自然と顔の広い弁護士と知り合う機会が多くなり、いざというときによい弁護士を紹介してもらえるようになります。

インハウスローヤーの場合、会社からの理解が得られないと、こうした委員会や会派の活動に参加することは難しいかもしれません。私の場合は、会務活動等からも会社にフィードバックできる点があることを強調することで、会務活動等への参加を認めてもらえるようになりました。会務活動というと、会社には関係がないと思われてしまい、参加を認められないケースも多いかもしれません。ですが、こうした活動の中でも、会社にフィードバックできる要素を探し出し、会社にとってもメリットがあることを伝えることで、会務活動等にも参加できる場面が増えてくると思います。

ボス弁の視線

営業は目的とせず、人脈を広げることを目的に

自分の性格を見極めて、その範囲で人脈を広げていってください。

知らない人が多数いる交流会などに行っても、名刺が増えるばかりで疲れるだけ、というタイプの方は、自分が対応可能な人数の集まりを自分でつくってみてもよいかもしれません。自分の趣味や、自分が好きなことを前提とする集まりに参加していくことで、自ずと知り合いは増えていくはずです。いつも同じメンバーだけが楽という人も、たまには一歩、自分の可能な範囲で踏み出して交流を広げることはとても大事です。

私が大切だと思っているのは、「人脈を広げるにあたっては、営業は（少なくとも主要な）目的としない」ということです。営業を目的に据えていると、周囲にも目的を見透かされることが出てきます。営業にガツガツしていると見られた場合には、警戒心を招くこともあるでしょう。人脈を広げること、人脈づくり自体を目的とすれば、自分の気持ちにも余裕が生まれますし、そのような姿勢でいた方が周囲からの信頼を得られやすく、結果として業務につながることも多いと感じています。

依頼者には、弁護士の人間力を信頼して仕事を依頼する、という側面もあります。その意味では、自分を磨くことが重要なのですが、せっかく磨いても、あなたの素晴らしさを他人に知ってもらわなければ仕事にはつながりません。

他方で、人脈づくりばかりに一生懸命で肝心の業務や研鑽がおろそかであるように見受けられる若手弁護士もいます。一見（いちげん）のお客さんを探してくることも重要ですが、そのお客さんが将来の紹介者となるような仕事ぶりをしなければ、いつまでも同じことの繰り返しです。

人脈づくりと日々の業務は車の両輪だと思って、どちらもバランスよく、自分のペースで地道に続けていただければと思います。

ボスの奥の手

名刺の整理には多くの方法があります。スキャナ機能が付いた専用の機種で電子保存しておくのもよいですが、単純な方法が長続きするでしょう。

私は名刺をもらった後、その名刺の裏に、名刺をもらった日付と場所など簡単なメモを記載し、「日付順」に整理しておきます。「あの人と連絡がとりたい」と思ったとき、大抵は「あの人」の名前を思い出せない。この方法だと、「あの人」と会った時期さえ思い出せれば、検索できます。

「会社や所属先の五十音順」に整理する方法も一案です。名前までは思い出せないけれど、「いつか会った、あの会社の人と連絡がとりたい」と思うこともあるからです。

体験談１で、勉強会を主催することが紹介されていましたが、ボス弁の顧問先で自分が担当している会社がある場合には、社内研修会の提案をするのもおすすめです（ボス弁の許可はとりましょう）。会社のバックアップも受けられますし、参加者も集める必要がなく、顧問先から感謝され、経歴に書ける実績にもなります。自分で勉強会を主催するよりもハードルは低いかもしれません。

ちなみに、自分がそれまで必ずしも詳しくなかった分野であっても、講演会に向けてしっかりと研究すればよいのですから、積極的に提案し、引き受けましょう。

Rule

20 事務所の選び方・選ばれ方・移籍の仕方

▸ 事務所を選ぼうとするな

――所属事務所は、弁護士としての活動の本拠地であり、毎日の大半の時間を過ごすところ。自分の希望する条件と適合していることも重要だが、物理的・経済的な条件だけでは割り切れないもの。頭の中で条件面を検討して事務所を選んでみたところで、そのとおりになるとは限らない。自分の本能を、直観を信じて、「よさそうだ」、「悪くない」と感じる事務所で働いてみる。ダメならすぐ辞める。

事務所選び、人材採用に鉄則がないのであれば「選ぼうとしない」。これも１つの方法である。

皆さんはどのような経緯・理由で今の事務所を選んだのでしょうか。

説明会を通じて、紹介で、親御さんの事務所に、はたまた直談判してと、さまざまでしょう。あえて即独という道を選んだ方も少なくないと思います。

言ってしまえば、人と人との相性でしょう。どんなにスキルが高くても、ほかの資格を持っていても、ボス弁に気に入ってもらえなければ事務所に採用されることはないでしょう。また、どんなに条件がよい事務所でも、ボス弁と「そり」が合わないようであれば選びたくありません。所属事務所は、毎日の大半の時間を過ごす場所ですから、事務所の雰囲気が自分に合っているかはとても大切です。

事務所を「選ぼう」とすると、ついつい条件面に目がいきがちです。

「給料はいくらか？」、「仕事量や勤務時間はどのくらい？」、「主な取扱案件の傾向は？」、「個人事件の扱いは？」、「ボス弁の年齢は？」、「会務活動に積極的なのかどうか？」。

どれも入所前に確認しておくべきことですし、重要なことではあります。これらの条件の中に、自分が大事にしていることが損なわれてしまう条件が提示されている場合には、その事務所は自分には「合っていない」のでしょう。でも、条件ばかりに目がいってしまい、それだけで選ぼうとしていませんか。大事なのは、「ここで働こう！」と思えることです。採用する側も同じです。

ときには、自分の直感に身を委ねることも悪くありません。事務所を頭で選ぼうとしないことです。

参考までに、先輩たちの示唆に富んだ体験談をご覧ください。

体験談 1

選び方・選ばれ方

弁護士９年目　男性／中規模事務所勤務

入所のきっかけ

私は弁護士９年目ですが、最初に入所した事務所にずっと在籍しています。

この事務所に入所した理由は、就職先事務所が決まらず、教官が拾ってくれたから、というものです。したがって私から選んだわけではありませんが、クラスでもなかなかの人気で個人的にも気が合うと感じた教官でしたので、お声がけいただいたときは非常に嬉しかったです。

入所後、教官としての顔と、ボス弁＝経営者としての顔が予想以上に異なることに若干の戸惑いを覚えましたが、徐々に慣れ、兄弁・姉弁、同期、事務局の方々にも優しくしていただいたため、どんどん居心地がよくなり、また冒険ができず独立の度胸も契機もなかった（失った？）ため、現在に至っております。

入所前、いくつかの法律事務所に面接や事務所訪問をしました。なぜ採用されなかったのか、今振り返ると、パーソナリティが合わなかった、と言いたいところではありますが、やはり能力に乏しいことを見抜かれていた、私のほかに、より能力の高い方がいたということに尽きるように思います。この点については実際のところは私にもわかりませんので、この程度にしておきます。

事務所の変遷

私が入所したときの先輩方や同期は、皆独立したり移籍したりで今は１人もいません。期が上の先輩が中途で入所したこともありましたが、独立されました。後輩も何名かおりますが、辞めた人数の方が多いと思います。

辞めた理由としては、私が知る限り、円満とそうでないものが半々くらいでしょう。

円満でなかったとは、具体的には、ボス弁の方針や指示に対する不平不満ですが、思うに、イソ弁は所詮イソ弁であり、ボス弁の方針や指示は絶対です。意見することは許されても、それが受け容れられなくとも反目し合うような仲になってはいけません。自分で仕事を探す努力をしなくとも、あるいはどんなに暇でも、毎月決まった金額を支払ってくれる、そのありがたさを噛みしめるべきです。現在では、一時に比べ買い手市場とまでは言えませんが、司法試験の合格者数はかつてよりも多い水準にあり、各種求人サイト等、事務所側のアソシエイト募集手段も多様化していることから、代わりの労働力、そしてより安価で従順なイソ弁は探そうと思えばたくさんいます。

一方で、パーソナリティがどうしても合わないのであればすぐに辞めるべきです。その場合は早ければ早いほど、お互いのためだと思います。

後輩の入所について

後輩は、これまでに10名ほどいた（いる）と思います。

ボス弁の採用基準はさまざまでしたが、最も多かったのは大学のゼミ生や司法修習生など、私と同じような「教え子」です。そのほかはほとんどが司法修習の同期や会派の弁護士からの紹介でした。理由は、積極的には、能力や人となりなどをある程度見ているので安心だということ、消極的には、一般に募集しても応募が多すぎて絞れない、面接する時間も潤沢にはないということです。

やはり人間関係が大切、ということでしょう。

なお、私も新人（司法修習生）の採用面接に立ち会わせてもらったことが数度ありました。皆さん緊張の面持ちながらもやる気や能力を熱く語ってくださいましたが、「どんな弁護士になりたいか、どんな仕事をしたいか」という問いに対して、「まだわからないのでとりあえずいろいろ経験したい」と回答されると、もう少し司法修習中に勉強してきなさいと思うし、逆に「○○事件（分野）はゼミをとっていたので自信があります」と回答されると、まだ経験したわけでもないのに偉そうだなと思ってしまいました。つまり質問が悪いか私が性悪かなのでしょうが、それにしても面接でアピールすることは難しいと感じました。

人間万事塞翁が馬

徒然なるままに述べましたが、極論、その事務所でよかったかどうかは結果論でしかありません。

「人間万事塞翁が馬」、選り好みせず、与えられた仕事を日々こなしていれば自然と世界は開けると実感しています。

体験談 2

移籍について

弁護士5年目　女性／小規模事務所勤務
弁護士6年目　女性／インハウスローヤー

移籍の理由

事務所を移籍する理由には、さまざまなものがあります。例えば、ボス弁や他のメンバーと考えが合わないという場合、ある程度経験を積んだ結果、自分が専門としたい分野が見つかった場合、あるいは、知人の事務所に誘われた場合などです。事務所によっては、当初から5年程度で退所することが予定されている場合もあるようです。これら以外にも、家庭の事情で移籍する場合もあるでしょう。私の知人カップルは、東京と地方でそれぞれ弁護士をしていましたが、入籍後1年程度はしばらく別居したまま生活し、その後、東京にいた妻が、夫のいる地方の別の法律事務所へ移籍したことがありました。私も事務所を移籍した経験がありますが、私の場合は、どちらかといえば事務所の経営についてボス弁と考えが合わなかったという部類に入るかと思います。

移籍先事務所の探し方

移籍するにあたって、次の事務所をどのように探せばよいでしょうか。これは、移籍の理由にもよるかもしれません。円満退所であって、すでにボス弁に退所の意思を伝えているような場合には、業務に支障が出ない限り、オープンに就職活動が可能だと思います。しかし、やはり多少は気まずい、あるいは全く退所の意思を伝えておらず、円満退所とは言いがたい場合、就職活動もこっそり行うことになるでしょう。

他事務所に誘われたなど、どこか特定の事務所に移籍するという理由で事務所を退所する場合でない限り、移籍先の事務所を1から探す必要があります。すでに、司法修習中に就活の経験があり、もう二度と就活はしたくないと思っている方も多いかと思いますが、一度、事務所に所属してから移籍する場合は、かなり状況が異なります。

まず、弁護士の知り合いができているはずですので、その弁護士に紹介を依頼したり、あるいはいろいろな事務所の情報を聞いたりすることができます。ただし、そのためには、会務や会派の活動を積極的に行って、他事務所の知り合いを増やしておくことが必要だと思います。

以前、委員会の懇親会で、移籍を考えているという若手弁護士がいたのですが、同席していた弁護士が、「自分の事務所で机があいているので、ボス弁に話をしてみましょうか」という話になり、その後、スムーズに話が進んだようで、しばらくしてその事務所へ移籍したということがありました。また、会派の集まりで、先輩弁護士に相談したところ、その場で、その先輩弁護士の事務所へ移籍させてもらうことが決まったという話を聞いたこともあります。移籍先の事務所の方で、移籍を希望する弁護士の人となりを把握しやすい環境ができあがっていることがスムーズな移籍に結びつきやすい理由であるように思います。

もちろん、「ひまわり求人求職ナビ」等を利用して募集を出している事務所を探し、アプローチするという方法もあります。この場合でも、司法修習生時代の就活とは違い、ある程度事件処理を経験していれば、自分が多く扱った分野について、即戦力であることをアピールできます。就活自体に苦手意識を持っている人も、就活に臆病にならず、事務所探しをしてもらいたいと思います。

インハウスローヤーへの転職

インハウスローヤーとして会社で働くということは、その会社の一員になって事業を進めていくということです。

法務の仕事として、事業サイドから出された提案に対し、法令違反等を理由に「NG」を出す場面が多々あります。インハウスローヤーとして重要なのは、ただNGと言うだけでなく、どうすればできるのか、あるいはどの程度であればできるのかなど、事業部の人と一緒にビジネスをつくり上げるマインドを持つことです。これを楽しめる人がインハウスローヤーに向いているのではないでしょうか。

インハウスローヤーに転職する場合、事務所への移籍とは少し異なります。人の紹介による場合もあるでしょうが、採用エージェントに求人を紹介してもらうことが大半でしょう。会社の場合、事務所が弁護士を採用するよりも、格段に採用フィーをかけることができるため、採用エージェントを使って採用活動を行っている会社がほとんどです。そのため、採用エージェントはさまざまな会社の求人情報を大量に持っており、また、各社の特徴を把握しているので、自分で探すよりもエージェントに紹介をお願いした方が、自分自身のキャラクターやキャリアプランとマッチした求人を紹介してもらえます。エージェントによっては、履歴書の修正や面接のフィードバック等もしてくれますのでうまく活用してみるといいでしょう。

ボス弁に伝えるタイミング

そもそも、ボス弁にどのタイミングで退所の意思を伝えるかということも問題です。

私の知人で、退所する１年前にはボス弁に伝えていたという弁護士がいました。この知人の場合、家庭の事情による移籍であり、ボス弁との関係においては何の問題もなかったため、早めに伝えて、少しずつ事件を引き継いでいくのがよかったようです。また、それほど人数が多い事務所ではないため、その知人の代わりとなる弁護士を探す時間も必要だったとのことです。

一方、別の知人は、先に就活を始め、次の事務所が決まった後、退所まで２か月を切った時点でボス弁に伝えたそうです。このケースでは、引継ぎの事務所事件がそれほど多くなく、それでも大丈夫だったとのことですが、事務所に迷惑をかけないためには、余裕を持って伝える方がよいと思います。

逆に、ボス弁から、１か月後に事務所を出て行ってもらいたいと言われて、準備が大変だったというケースも聞いたことがあります。

引越作業等

移籍が決まったら、諸々の手続及び引越作業が必要です。

まずは、所属単位会への登録先事務所変更の手続をしなければなりません。その手続で、日弁連の登録も変更されるので、重ねての手続は不要です。また、会派等に所属している場合は、会派へも連絡しておく必要があります。ほかの事務手続でバタバタしていると忘れがちなので、注意してください。これらの手続をきちんとしておかないと、前の事務所にFAXが届いたりしますので、前の事務所に迷惑をかけると同時に、大事な情報を受け取り損ねてしまうことがあります。

そして、意外に大変なのが、引越しの作業です。元の事務所にどれだけいたかにもよりますが、思ったよりも荷物がたまっているはずです。ただ、これは、とりあえずため込んでいた研修のレジュメや、委員会の過去の配布物などの資料を、きちんと整理するチャンスでもあります。

引越作業が周囲の迷惑になることもあるので、事務所のメンバーがいないときに行う方がよいでしょう。そもそも、事務所を退所するまでは事務所の業務もありますので、引越作業にばかり時間を使っているのは問題かもしれません。私は、ほかの弁護士が帰った夜間か、あるいは休日に作業を行いました。しかし、時間が足りず、結局は退所後にも作業を行わなければならないことになりました。幸い、すぐに机をあけなければならない事情はなく、ボス弁と仲違いしたわけでもありませんでしたので、快く許していただけましたが、やはり、事務所を出るまでに作業を済ませるべきだったと思います。

ボス弁の視線

自分の目で確かめる

イソ弁を採用する際に重視するのは、やはり人間性でしょう。

弁護士は、法的思考能力、リーガルマインドを持ち合わせていることは当然です。一方、依頼者や相手方、裁判官など、非常に多数の人と関わる職ですので、対人能力といいますか、「人あたり」が非常に大切だと思います。起案能力が抜群でも依頼を受けられなければ発揮しようがありません。さらには、どのようにお金をいただくかも重要で、弱気に安い弁護士費用を設定していては事務所を維持できませんし、依頼者が安かろう悪かろうと思ってしまうこともあります。人の負の感情を直接受ける立場にありますので、強靭な精神力、長時間の仕事に耐えられる体力も肝要ですね。

このように、弁護士にはさまざまな能力が、非常に高いレベルで求められます。そしてどれか1つ秀でていてもダメで、バランスが必要なんですね。

ですが、採用面接の際に、どのような能力に秀でているのか、どのようなバランスの方なのかを見極めるのは不可能です。ある程度一緒に仕事をして、所作や態度などを見てみないとわかりません。しかしそう言っていては誰も採用できません。そうすると、自ずと、短時間の面接で受ける印象、人間性がほぼ唯一の採用基準となってくるわけです。

なお、一般に、他の弁護士や友人、知人から紹介を受けてそのまま採用するケースもあります。しかし、期待していた能力がなかったり、すぐに辞めてしまったりすることもあり、そうなると当該本人、紹介者、採用者と全員が嫌な思いをするので、私としては、そのような方法はあまりおすすめできません。やはり自分の目で確かめてみないと、と思います。紹介いただいた場合も、しっかりと自分の目で確認し、紹介者任せにしないということが重要です。

Rule
21 多様な働き方

▸ 働き方にルールはない

——弁護士とは、何事にも縛られることなく、自分がやりたいと思うことにチャレンジできる素晴らしい職業である。弁護士には、いろいろな働き方があり、場合によっては、弁護士資格にすら縛られる必要はないだろう。

そもそも弁護士とはどのような存在でしょうか。法令上、弁護士には、当事者からの依頼などにより訴訟事件などに関する行為その他一般の法律事務を行うことが許されています。一般的にも、「弁護士」といえば法律事務所に所属して、このような弁護士業を行っているというイメージを持つ方がほとんどだと思います。そして、実際にそのような形態で働いている弁護士が圧倒的に多数です。

しかし、弁護士の中には、一般的なイメージどおりの弁護士業を行わず、異なる分野で能力を発揮する弁護士もいます。このような働き方をする弁護士は、従来、一定数いましたが、最近は、より多くの弁護士が、より多様なフィールドで活躍している話を聞くことが多くなったように思います。これは、司法制度改革により新司法試験以降の若い世代の弁護士が急増していることも影響しているのでしょう。また、先輩弁護士の方々の努力により、社会のいろいろな場面で弁護士が必要とされる、あるいは受け容れられるようになったということもあるかもしれません。

また、『弁護士白書2020年版』(日本弁護士連合会編著)によると、1996

年頃までは７％弱だった弁護士の女性比率が、2020年には19％になっており、近年急激に上昇しています。そのため、出産という女性ならではの要素を踏まえた働き方も検討する必要があります。

かつての弁護士の成功モデルは、自分の事務所を開設して、一国一城の主になることや、大手事務所のパートナーになることが中心でした。しかし、弁護士の働き方が多様化し、女性比率が高まりつつある今、各々が描く将来ビジョンも非常に多様化してきています。常に視野を広く持ち、キャリアプランを柔軟に考えていく姿勢が必要になるでしょう。

体験談１

フィールドは無限大

弁護士５年目　男性／小規模事務所勤務

私の友人・知人には、いわゆる弁護士業務ではないフィールドで活躍している多くの弁護士がいます。

また、いわゆる弁護士業務を活躍の場としつつも、育児や介護といったプライベートライフに重点を置きながら上手に両立している弁護士も少なくありません。

「弁護士」とひと口に言っても、いろいろな働き方があるのだなあと感じます。

アントレプレナー（起業家）

以前お会いしたある地方弁護士会の弁護士は、法律事務所の代表であると同時に、クラウド・ファンディングサービスの運営会社を起業して代表者として活躍されていました。弁護士としての業務よりも、会社代表者としての仕事の方を中心に据えているとのことでした。

また、東京で法律事務所を営まれているある弁護士は、M&Aのアドバイザリー会社を立ち上げて代表者として活躍されています。弁護士登録を抹消したうえで、自ら代表者となって金融会社を立ち上げた方もいます。

その他にも、弁護士資格を持ちながら外資の戦略系コンサルティング・ファームや投資ファンドに入社し、その後事業会社を起業する方も増えてきていると聞きます。

弁護士業務とのシナジー効果が見込まれる分野のみならず、より周辺領域で起業する弁護士も徐々に増えてきているようです。

官庁・公的機関等

官庁等での働き方としては、大きく分けて、任期付き公務員と任期制限がない公務員になる道があります。

任期制限がない場合の例として、司法修習同クラスの友人が外務省で、法科大学院時代の同級生２名が日本銀行で活躍しています。いずれも、弁護士有資格者を一定程度採用しており、入庁・入行後には海外留学などもしているようです。一般的には、弁護士が海外留学する場合にはロースクールが多いかと思いますが、日銀の場合にはビジネススクールに留学してMBAを取得できるとも聞きます。したがって、日銀を退職した場合であっても、ビジネス分野でのキャリアパスは豊富に描けるのではないでしょうか。

また、任期付き公務員として活躍する弁護士も大勢います。私の周りで特に多いのは、消費者庁の所属です。日本弁護士政治連盟（弁政連）では弁護士を任期付き公務員として送り出すことに力を入れており、任期付き公務員志望者向けの説明会を東京でたびたび開催しています。実際にこの説明会がきっかけで任期付き公務員になった知り合いも数名いますので、興味がある場合には、こういった機会を積極的に利用するとよいでしょう。
政策立案過程に携わった経験は、弁護士業務に戻った場合にも、その分野のプロとして差別化をはかるうえで大きな力になるはずです。

自治体

自治体の場合も、官庁の場合と同様、任期付きか否かでキャリアパスを大きく分けることができます。
ここ数年多かったのは、東日本大震災からの復興のためにマンパワーを必要としていた東北地方での採用例かと思います。私の周りでも、被災地の県庁の任期付き公務員となった方がいました。
自治体で働く道についても弁政連が積極的に推進しており、東京で説明会やシンポジウム等を開催しています。以前、私が参加した弁政連主催のシンポジウムでは、近畿地方のある市の市長（弁護士でもある）が、積極的に市の職員として弁護士を受け入れる旨、熱弁を振るわれていました。
自治体で任期付き公務員となった場合には、任期満了後はそのままその自治体の地域内で事務所を開くというキャリアパスが多いようです。近畿地方の市役所の任期付き公務員となり、その任期満了後に事務所を開いた経験をお持ちの方に話を聞いたことがありますが、任期中に人脈ができていたため、それほど規模の大きくない市でありながら安定的に事務所経営ができているとのことでした。

国際展開支援

日弁連では、日本貿易振興機構（JETRO）、東京商工会議所、日本政策金融公庫、国際協力銀行などと連携し、中小企業の海外展開を支援する事業を行っています。海外展開支援事業は、中小企業が海外展開するにあたり、現地国の法制度との整合性のチェックや、現地国の企業や団体との間の契約書のチェック等を行う支援事業であり、まさに弁護士としての専門的知見を活用する場面です。

他方で、こうした海外展開支援に関する活動の一環として現地国に長期滞在するうちに、現地国におけるコンサルティング業務を行うようになっている弁護士がいます。単に、法制度の説明や契約書のチェックという法律的な専門的知見により支援するだけではなく、現地国において、文化や商慣習の違いを踏まえた総合的な事業サポートを行っているそうです。

法整備支援

発展途上国の法整備支援の場で活躍している弁護士がいます。国際協力機構（JICA）の長期専門家として支援国に滞在してサポートを行ったり、日本国内において支援国の法令や法制度について検討したりしているそうです。法整備支援については、多くの検事が法務省の法務総合研究所の研究員やJICAへの出向研究員として活躍していますが、弁護士の中にもこれらの場で活躍している方々がいます。自国によりよい法制度を創出しようと懸命に努力している支援国の担当者の方々の姿が印象的で、とてもやりがいがある仕事であるとのことです。

政策担当秘書

政策担当秘書も、近年弁護士の進出が増えてきている職種です。私の友人にも、自民党、民主党に数名ずつ現役の秘書がいます。ちなみに、政党の中には弁護士を積極的に秘書として採用する方針のところもあるようです。

彼らから政策担当秘書の業務を聞いていると、仕事の幅広さに驚かされます。委員会等での質問事項の作成、会議のレジュメ作成、専門家からのヒアリングも含めたリサーチやレポート作成といった業務から、政治資金パーティーの運営、後援会・支援者への挨拶回りや慶弔出席、そして選挙の際の選挙事務所運営や演説草稿の作成、果てはポスター貼りまで何でもこなしているようです。

傍から見ていると極めて多忙そうでも、易々と乗り越えていけるのは、彼らの多くが将来政治の世界に進むことを志しており、それ相応の信念と気概を有しているからかもしれません。

政策担当秘書についても、弁政連が説明会等を開いています。興味がある方は弁政連経由でアプローチするのが近道かもしれません。それ以外のルートとしては、議員に直接連絡をとってアタックすることも多いようです。

政治家

いわゆる政治家のうち、市町村議会議員と都道府県議会議員については、弁護士業務と両立することができるといわれています。また、国政選挙に比べて政党無所属の候補が多いため、党の公認候補にならなくてもよいという意味で、ハードルは相対的に高くないといえるかもしれません。

他方で国会議員の場合には、議員活動が極めて多忙のため弁護士としての業務はもちろんできませんし、党の公認を得るまでにも非常に険しい道程が待っています。選挙も厳しいことは言うまでもありません。とはいえ、60期台の弁護士も複数国会議員になっていますし、若手弁護士にも可能性がないわけではありません。私の知り合いには現職議員と立候補予定者の若手弁護士がいますが、１名は政策担当秘書、もう１名は私設秘書から険しい道を登っていきました。また、テレビ番組に出演しながら立候補を狙っている友人もいます。国会議事堂を目指すのであれば、まずは秘書を目指すか、マスメディアへの出演が近道なのかもしれませんね。

タレント

私の友人に、テレビで弁護士としてコメンテーターを行っているうちに、タレント活動が中心になってきている方がいます。タレント活動を行っていくにあたっては、弁護士本人のキャラクターが相当に重要な要素になりそうですが、もともとタレント活動を希望していたような方にとっては、弁護士という肩書も十分に活用できるもののようです。

ただ、メディアでは、弁護士というだけであらゆる社会問題について即座に意見を求めるような傾向がありますので、不用意な放談が大きな波紋をもたらすことがあることは、テレビで見かける有名なタレント弁護士の例に見てとれるとおりだと思います。

“ときどき”弁護士

妊娠・出産を機に、弁護士登録は残しているものの弁護士業務を実質的に辞めてしまい、たまに友人や知人の弁護士に頼まれてスポットの仕事のみをしている方がいます。

また、家庭内での主婦業に専念しつつ、友人・知人の弁護士の下請けで、英文契約書のチェックや法廷書面の翻訳などの業務のみを行っているという方もいます。パートナー（夫）の海外赴任に伴って海外移住し、以前に所属していた法律事務所から依頼される英文契約書のチェックや書面の翻訳などの業務のみを単発で行っているという方もいます。

弁護士資格の取得前から中学校教師をしており、弁護士登録後も中学校教師の職を継続しながら、週末や夜間のみ弁護士業務を行っているという男性弁護士もいます。

法律事務所に所属して弁護士業務を行っているものの、週2、3日の勤務という方もいます。

体験談2

国政進出を目指せ

弁護士7年目　男性／小規模事務所勤務

国政進出と弁護士業

国政進出を目指す弁護士は珍しくありません。

弁護士登録をしている国会議員は、35名（衆議院議員23名、参議院議員12名）です（『弁護士白書2020年版』（日本弁護士連合会編著）より）。国会議員定数は717名（衆議院議員475名、参議院議員242名）ですから、弁護士が国会議員の5％弱を占めています。これは、1つの職業が占める割合として、少ない数字とはいえません。

「最近になって弁護士出身の政治家が増えた」と思われる方もいらっしゃるでしょう。しかし、弁護士登録をしている国会議員数の推移を見ると、現在よりもその数が多いときもあります。例えば、2008年9月1日時点で弁護士登録をしていた国会議員は、45名（衆議院議員29名、参議院議員16名）でした（『弁護士白書2008年版』（日本弁護士連合会編著）より）。現在よりも弁護士が少ない時代から、多くの弁護士が国政に挑戦していたのです。

弁護士資格は政治家の仕事に役立つのか

弁護士の経験は、政治家の仕事に役立つのでしょうか。私が知る限り、「役に立つ」と答える政治家がほとんどです。

第１に、法的思考能力（原則と例外、必要性と許容性という思考枠組み等）が役立つといわれます。国家は、法律に則って運営されます。予算も法律の形式をとりますし、行政を指揮・監督するのも政令・省令等を用います。法律を理解して運用する能力は、国を動かすのに必要な能力です。弁護士経験を通じて法的思考能力を培うことで、実のある政治活動ができるのです。

第２に、交渉力（多様な意見を集約して合意形成を図る力）が役立つといわれます。政治は、多様な利害関係を調整し、集約することが求められる仕事です。弁護士業は、利害関係を調整する場面に何度も直面するので、交渉力が磨かれるのです。

国政進出にはどのような道があるか

政党から立候補することを考えた場合、政党から公認をもらわなければなりません。公認に至るには、公募に応じることは前提ですが、そこに至るルートはさまざまです。例えば、①弁護士業務を行っていたところ、政党から声がかかり、又は公募情報を見て、公募に応じる、②弁護士業務と地方政治家（市議会議員、県議会議員）の活動を並行しつつ、公募に応じる、③官僚（非常勤・常勤問わず）として働いていたところ、政党から声がかかり、公募に応じる、④政治家秘書として働いていたところ、政党から声がかかり、公募に応じるといった例があります。いずれのルートであっても、日頃から人格的にも能力的にも信頼を得る活動をすること、人脈を広げることが大切です。

なお、私が知る限り、事務所経営者の弁護士であるか否かは、公認の可否に決定的な影響はないように思えます。ただし、事務所経営者の弁護士である場合には、政治家になる前は自分の裁量で政治活動ができますし、政治家になった後も事務所からの収入が期待できるという利点があるように思います。政治家という地位にしがみつかなくてもよい経済的な基盤があれば、政治家に対する甘い誘惑にも毅然とした態度で臨むことが期待できそうです。

弁護士資格のアピール

弁護士資格は、一定のスキルがあることを有権者にアピールするポイントになり得ます。しかし、「弁護士だから当選に有利」とあまり期待しない方がよいように思われます。かえってバイアスがかかった目（「あの政治家は弁護士だから、○○だ」）で見られてしまい、アピールしたいイメージを縛ってしまうこともあります。また、政党や政策により、必要以上に弁護士会との対決を余儀なくされる場合があります。

結局、政治家として活躍できる弁護士は、抽象的な弁護士のイメージに頼ることなく、何を成してきたかを伝えることのできる人物です。このことを踏まえれば、日頃から「自分が何に取り組んできた人間なのか」を問われるのだと肝に銘じ、活動することが大切なのだと思います。

政治活動への参加

「政治に関心がある。しかし、働いている事務所は自分が生まれた地域にないから地縁がない。つまり、地盤がない。また、自分が生まれた地域で働いていないから弁護士以外の知人・友人が少ない」、「政治家と懇意になりたい。しかし、現在の仕事を離れ、官僚や秘書になるのは難しい」という悩みはあるかと思います。

そのような悩みへの１つの回答として、運動員として選挙活動に関与することを提案します。政権与党・野党を問わず、選挙期間前・選挙期間中を通じて、しっかり手伝いに入ってくれる運動員は必要です。選挙事務所の形態によりますが、弁護士が運動員として参加すると、法律関係調査の担当者など、弁護士としてのスキルを活かせる仕事を担うことができる場合があります。選挙運動を通じて、その地域の文化や人々の交流の様子を知ることができます。全国を飛び回る候補者でない限り、基本的に候補者は選挙事務所を拠点に活動するので、候補者の人柄の一端を知ることができます。選挙運動を通じて学ぶことは無数にあるのです。

もっとも、政治に関心があるといっても、他人の選挙に参加するときは、自分の選挙ではないのですから、自己アピールを考えてはいけません。候補者や他の運動員を支えることに徹し、「徳を積む」ことが大切です。その方が、より人間的に成長できると思います。

職業としての政治家

政治家という職業は、不安定で、自分の努力ではどうにもならないところで勝敗が決し、夢を絶たれることが珍しくありません。政治家ではない私の目にも、日々が理不尽との闘いに映ります。ただ、それでも自分の思想信条に照らし、正しいと思う活動ができることは、幸せで喜ぶべきことではないかと思います。せっかく、社会正義の担い手たる弁護士になったのです。もし政治家を志すなら、燃えるような情熱と、結果への責任感と、冷静な判断力を持って課題に取り組む政治家を目指してください。私は、そのような政治家を心から尊敬しています。

体験談3

出産・育児との両立

弁護士5年目　女性／中規模事務所勤務

結婚・出産と弁護士業

登録5年目を迎えると、周りには、結婚･出産を経験している同期も増えてきます。この業界に限らず、今の時代、結婚・妊娠によって仕事を完全に辞めるという人は、もはや少数派になっているのではないでしょうか。周りの同期の中でも、苦労して弁護士資格をとった以上、結婚・妊娠をしても、仕事を続けたいと考えている人が多いです。

一方で、この業界では、一般の企業のような産休や育休制度が明確に設けられていない事務所も多いと思います。周りの女性の同期に話を聞いてみても「ゆくゆくは子どももほしいと思っているけれど、そもそもうちの事務所では、これまで、出産を経験した弁護士も、産休・育休をとったことのある弁護士もいないので、どうなるのかな？」と不安を口にしていました。私自身も、将来的には出産をしたいと考えているところですが、当事務所でも妊娠・出産を経験した弁護士がいないため、ボス弁との相談によって、産休・育休を取得することになると思われます。

また、つわりの時期は、時短勤務などが必要なことも想定されますが、意外と男性社会･古い体質の残っているこの業界ですので、日頃から、ボス弁や同僚の弁護士とコミュニケーションをとって、妊娠・出産への理解を深めてもらうことが大切かもしれません。

つわりがひどい時期や出産予定日によっては、突如、期日や打合せに出ることも困難となる場合も想定されます。そのような場合に、期日や打合せを代わりに行ってもらえるように、共同受任の形態にしておくなどの工夫も必要になると思われます。また、女性の同期との間でそういった情報を共有し、協力をするケースもあります。

育児と弁護士業の両立について

妊娠・出産という、人生の大イベントの後には、さらに重要な任務である子育てが待っています。育児と弁護士業との両立も、われわれ女性弁護士の大きな課題の1つだと思います。まずは、どの時期に仕事復帰をするのか、また、復帰後の仕事と育児の両立をどのような形で実現させるのか、課題は多いところです。

仕事復帰の時期については、人それぞれのようです。比較的大きな事務所に所属している同期で1年間の育休をとっているケースもあれば、ノキ弁として活動している同期で、明確な産休・育休を設けずに、出産直後から書面を提出し、期日に出ているスーパーウーマンもいます。私は、まだ出産を経験していませんが、育休を取得したとしても、長くても1年くらいなのかなと想像しています。それ以上休んでしまうと、業務を忘れてしまうのではないかという危惧があります。

また、仕事復帰後の働き方についても、所属する事務所の環境によってそれぞれですが、事務所の理解を得て午後6時までの時短勤務で保育園のお迎えに間に合う形態で勤務している弁護士もいれば、かなりハードな勤務形態の事務所に所属しており、両親の協力を得て、終電近くまでフルタイムで働いている同期もいます。一方で、先輩弁護士の中には、ご夫婦で弁護士事務所をやっているため、奥さんは子どもが大きくなるまでは、週2、3日の勤務態勢をとっているというケースも聞いたことがあります。

どのような時期に、どのような形で復帰するのかは、所属する事務所の環境次第の部分もありますが、できる限り、周りに理解を得て両立を実現させたいところです。

また、育児と弁護士業の両立のためには、事務所の理解はもちろんですが、身近な家族である夫の協力も欠かせないところだと思います。

体験談4

リモートワーク、実際にやってみると……

弁護士5年目　女性／中規模事務所パートナー
弁護士3年目　女性／インハウスローヤー

多様な働き方の追い風となる、リモートワークの普及が進んでいます。移動が多い弁護士業務においては、「陳述します」と言うためだけに新幹線や飛行機に乗ったり、遠方の依頼者に会いに行ったりしなくてよくなることで時間や交通費が大幅削減できることはありがたい限りです。

さまざまなシーンで実際に利用してみた経験を踏まえて、気になる点や工夫できる点等をご紹介します。

育児・介護期間中の弁護士でも参加が可能に！

コロナ禍を経て、弁護士会の委員会会議もテレビ会議利用が大多数となりました。これにより、今まで参加が難しかった育児中の弁護士の顔が多く見られるようになり、多様な意見を集められるようになりました。会議中にお子さんたちが割って入るようなシーンも場を和ませてくれます。「今授乳しているからー」と言いながら画面オフで参加する女性弁護士も見かけるようになりました。参加人数が増えることで会議も活性化しますし、今後もテレビ会議の活用を続けるべきだと思っています。

他事務所の弁護士との共同受任にも便利

多くの弁護士がリモートワークを取り入れるようになったことで、他の事務所との共同受任のしやすさも進んだように思います。都道府県をまたいだ弁護団組成がしやすくなりました。

守秘義務に関する注意点

どこでも仕事ができる反面、守秘性の高い情報を扱う弁護士という職業においては注意が必要です。各ツールについてビジネス版を利用したり、二段階認証を利用したりする等の工夫はもちろん、テレビ会議利用の際は利用場所等についても配慮する必要があります。

公共の場所で個別事件を扱うテレビ会議に参加する際には、音声が外に漏れないようにするほか、自身は発言しないことを徹底する必要があるでしょう。画面共有があり得る会議では、のぞき見のリスクがあることから、画面を見ることも控えるべきです。

事務所からテレビ会議に参加する際には、背景に事件記録が映り込まないよう執務スペースから相談室に移動したり、背景画像を設定する必要があります。参加者の傍で別の弁護士が電話をしている音声が入る事態も回避すべきでしょう。個別事件の交渉の様子などが筒抜けになってしまっては、信用を失います。

環境・通信の安定性の確保

先日裁判所のWeb会議期日に出席した際、相手方弁護士が一向に現れず、やっと入室してきたと思ったら接続が悪く画面が映らないとのことで30分以上開始が遅れてしまいました。裁判官や書記官を待たせてしまっては印象も悪いですし、何より自分自身が慌てて事件の内容どころではなくなってしまいます。通信の安定性を確保するため、顧客との打合せや裁判期日では特に、有線接続できる環境を整えておくと安心です。

また、Web会議期日で依頼者と一緒に事務所から接続したところ、相手方代理人が明らかに自宅の自室から、仕事着ではない普段着で入室してきたことがありました。こちらの依頼者は「なんだあの弁護士は」という反応でした。法曹三者だけならまだよいのですが、当事者が同席している可能性もあることから、裁判所に行くのと同様の服装にして、背景にも気を遣った方がよいでしょう。

依頼者に応じて柔軟な対応を

便利な点が多いリモートツールですが、相談者・依頼者が各ツールに馴染めない場合もあります。特に高齢の依頼者など、打合せをテレビ会議でと言われても困ってしまうことが多いでしょう。無理に新たなツールを勧めるのではなく、依頼者によって電話や対面での対応を提案するのがよいと思います。

逆に企業や若手の依頼者の場合には、先方から新たなツールでの会議を求められる場面も多くなってきました。「自分は使えないので」と言っていると顧客を逃すことになりかねません。弁護士の側には、食わず嫌いせずに日々さまざまなサービスに接し、新しいものを取り入れる柔軟さが求められているといえるでしょう。多くのサービスは、利用方法をインターネットで検索すればおおよそ使い方を調べることができます。

リモートツールを用いたコミュニケーションの注意点

インハウスローヤーの立場から見て、ある程度の規模の会社になると、リモートワークを原則としている会社が多くなっているように思います。

リモートワークが原則ですから、部署全員で顔を合わせる機会はほとんどなく、部署の定例会議などはリモートツールを使って行われます。また、日常的なやり取りも、チャットツールやメールで行われますので、対面でコミュニケーションをとることはほとんどありません。

リモートワークで仕事ができるのは非常に便利な半面、対面でのコミュニケーションがないと、ちょっとした行き違いや誤解をすぐに訂正することができず、摩擦が生じてしまう、というような問題点もあります。チャットツール等でのテキストのやり取りだけだと、普段よりも口調がキツめに伝わってしまうので、以前にも増して、相手にメッセージを送る際の語尾や言い回しには気を遣うようになりました。

対面でのフォローができない分、違った形で相手への気遣いができるとよいと思います。

ボス弁の視線

弁護士としての選択肢

こうして見てみると、法律事務所に所属して訴訟代理等の法律事務を扱うという、いわゆる弁護士業以外の働き方にはさまざまなものがあることがわかります。具体的には、会社等経営者、政治家、公務員などとして働く弁護士が一定数いるようですね。また、よりマイナーなケースで、ここには挙げられていないものもあるはずです。ちなみに、私の知っている方は、弁護士でありながら、高校の教師（しかもクラスの担任）をされていました。

また、近年、インハウスローヤーの需要が増えてきており、働き方として定着しつつあるように思います。ただ、インハウスといっても、登録先を会社にするなど完全に会社に勤めるパターンもあれば、東京弁護士会で新しく始まった弁護士トライアル制度のように、法律事務所で勤務しつつ、週２、３日だけ会社に出社するパターンもあり、そのあり方はさまざまです。

また、女性弁護士が増えたことで、出産・育児などワークライフバランスを確保する観点から時短勤務や週２、３日の勤務という形態も増えてきており、これも多様な働き方の１つの形態でしょう。

このようにさまざまな働き方の選択肢があるということは、弁護士業界にとってはプラスの面が大きいのではないかと思います。まず、弁護士自身にとっては、いろいろなことを経験できるという利点があります。弁護士の数が増加し、弁護士も就職難といわれている現在においては、特に就職先を探している司法修習生らからすれば就職先の選択肢が増えるという意味でも嬉しいことでしょう。また、他の分野の内情など、実際に経験しなければわからないような事項についても、弁護士同士だと聞きやすく、有用な情報を得やすくなると思います。

さらに、一般の人にとっては、いまだ接する機会の少ない弁護士ですが、法律事務所以外の場所でも接する機会が増えることにより、少しは距離が縮まるという効果もあるかもしれません。なお、そのためには、弁護士が他のフィールドで働いていたとしても、弁護士としての倫理感を持って、これを維持しなければなりません。弁護士として働くからには、どこにいようと弁護士の品位を保ち、信頼を損ねないようにする必要があります。

誤解を恐れずに言うならば、弁護士資格も数ある資格の中の１つにすぎません。弁護士になった後に、どのように働くかはその人が何に興味を持ち、どのように生きていきたいかによって、千差万別でしょう。弁護士資格があるからといって、いわゆる弁護士業を行わないといけないわけではありません。弁護士は何でもできるといってもよいかもしれませんね。そのように考えると、弁護士とは、本当に魅力のある職業ではないかと思います。

皆さんが、これから弁護士としてどのように働いていくか、ひいてはどのように生きていくかということを考える際に、ここに書かれた情報をヒントにしてもらえれば幸いに思います。

ボスの奥の手

法律事務所のボス弁になったり、出産や育児をするようになると、もう新しい夢にチャレンジできなくなるように聞こえるかもしれませんが、もちろんそんなことはありません。要は、きちんと両立できる状態であればよいのです。

法律事務所の経営が回る状態であれば、ボス弁が新しい夢にチャレンジすることに何ら支障はありません。むしろ、資金力がある分、若手弁護士よりも有利な立場ともいえるでしょう。

また、出産や育児で職場を離れることで、仕事に対して不安を覚える女性も多いかもしれません。しかし、多くの女性は出産や育児を経験することで精神的に逞しくなるなど、弁護士としての仕事に活かせる面も多々あるように思われます。

ボス弁になったり、出産や育児をするようになったりしても、常に前向きな考え方でいれば、新しい将来ビジョンは常に見えてくるでしょう。

私も、これから新しく会社を立ち上げようと画策しているところです。どんな会社かって？　それはまだまだ秘密です。いつか私の会社のお客様としてお会いしましょう。

執筆者一覧（五十音順）

編集代表・執筆

瀬川　千鶴　弁護士（59期・東京弁護士会）／青南法律事務所

吉岡　剛　弁護士（59期・東京弁護士会）／奥野総合法律事務所・外国法共同事業

編集・執筆

飯塚　順子　弁護士（61期・東京弁護士会）／弁護士法人遠藤綜合法律事務所

今井　智一　弁護士（63期・東京弁護士会）／今井関口法律事務所

高橋　弘行　弁護士（65期・東京弁護士会）／虎ノ門第一法律事務所

宮田　洋志　弁護士（65期・東京弁護士会）／宇多法律事務所

執筆

今枝　利光　弁護士（67期・東京弁護士会）／弁護士法人サンク総合法律事務所

紙尾　浩道　弁護士（69期・東京弁護士会）／ＢＡＣｅＬＬ法律会計事務所

小寺　悠介　弁護士（66期・東京弁護士会）／ＫＯＤＡＭＡ法律事務所

塩津　博伸　弁護士（67期・東京弁護士会）／塩津法律事務所

西野　優花　弁護士（69期・東京弁護士会）／早稲田リーガルコモンズ法律事務所

張﨑　悦子　弁護士（68期・東京弁護士会）／狛・小野グローカル法律事務所

武藤　慶　弁護士（70期・東京弁護士会）／奥・片山・佐藤法律事務所

・本書は2021年10月までに公表されている内容によっています。

サービス・インフォメーション

通話無料

①商品に関するご照会・お申込みのご依頼
TEL 0120 (203) 694／FAX 0120 (302) 640

②ご住所・ご名義等各種変更のご連絡
TEL 0120 (203) 696／FAX 0120 (202) 974

③請求・お支払いに関するご照会・ご要望
TEL 0120 (203) 695／FAX 0120 (202) 973

●フリーダイヤル（TEL）の受付時間は、土・日・祝日を除く9:00〜17:30です。

●FAXは24時間受け付けておりますので、あわせてご利用ください。

こんなところでつまずかない！
弁護士21のルール　新訂版

2015年12月25日　初版発行
2021年11月30日　新訂版発行

編　著　東京弁護士会 親和全期会
発行者　田　中　英　弥
発行所　第一法規株式会社
〒107-8560　東京都港区南青山2-11-17
ホームページ　https://www.daiichihoki.co.jp/
デザイン　中村圭介・鳥居百恵・平田賞
（ナカムラグラフ）

弁護士ルール新　ISBN978-4-474-07672-3　C2032 (9)